貼《ちょう》金《きん》蝉《せみ》文《もん》飾《かざり》金具《かなぐ》

貴顕の冠正面につけた黄金のセミバッジ。
青銅の板に金線や金粒で繊細な細工をほどこす。
5.0×4.7cm。南北朝時代・４～５世紀。（白鶴美術館蔵）

玉製の含蝉《がんせん》

古代、再生を願って死者の口中に差し入れた葬具。
長さ5.9cm ／ 5.0cm。
前漢～後漢時代・前３～後３世紀。

（東京国立博物館蔵　Image:TNM Image Archives）

燭台を捧げる宮女

唐代には上流社会のモダンな生活用具だった蜜ロウ製のロウソク。

永泰公主墓壁画「女侍図」（部分）。唐代・706年。（陝西歴史博物館蔵 写真提供／ユニフォトプレス）

シロオビアゲハ

悲恋に終わった梁山伯と祝英台をほうふつさせるオス（右）とメスの連れ舞い。

［あじあブックス］
078

中国　虫の奇聞録

瀬川千秋

大修館書店

はじめに

「虫」という字を見て、なにを連想するだろう。子どものころに捕まえたセミやチョウやトンボ？　秋の夜長に涼やかな音色を響かせるコオロギやスズムシ？　あるいは平安をかきみだすいまいましいハエやカ？　いずれにしても多くの人がごく自然に、三対の脚と二対の翅《はね》をもった昆虫の姿を思い浮かべるのではないだろうか。しかし「虫」は本来、ヘビやマムシをあらわす文字だった。甲骨文（）や金文（）のそれは、まさしく鎌首をもたげたヘビそのものである。

昆虫をあらわす字は、古くは「蟲」と書いた。現代、中国大陸や日本で日常的に使われている「虫《ちゅう》」は「蟲」の略字であり、ヘビやマムシを意味した「虫《き》」とは別の字である。「蟲」は、「森」が木を三つかさねてさまざまな樹木が生い茂るところを意味するように、かつては昆虫をふくめた多種多様ないきものの総称だった。トラを大虫、ヘビを長虫、タカやヤマイヌなどの獰猛な禽獣を剛虫などと呼ぶのも、ここからきている。

そして古代の中国人はあらゆる虫（蟲）を五行思想（万物は木・火・土・金・水という五つの元素

からなるという考え方）にもとづき、「羽虫《うちゅう》」「毛虫《もう》」「甲虫《こう》（介虫《かい》とも）」「鱗虫《りん》」「倮虫《ら》（倮は裸に同じ。蠃虫《ら》とも）」の五虫に分類した。「羽虫」というのは翼をもった飛ぶ動物、すなわち鳥類のことで、鳳凰を長とした。「毛虫」は毛のはえた獣類で、麒麟を長とした。「甲虫」はカニや貝など固い殻に覆われた、主に水生動物だ。霊亀を長とした。「鱗虫」はウロコをまとった魚類や爬虫類で、龍を長とした。「倮虫」はカエルやミミズなど、羽毛にも毛にも殻にもウロコにも覆われていない動物。人間、とくに聖人を長とした。

では、いわゆる昆虫はどこに分類されていたのだろうか。明代を代表する本草学者の李時珍は、微微たるいきものである昆虫は、とうてい麒や鳳、亀、龍などに伍することはできないが、それでもそれぞれが羽、毛、鱗、介、倮の形状をそなえている、といっている。種によって姿形も生活様式もまったく異なり、しかも一生のうちに何度か変態し、大きく外観を変える昆虫は、その昔、おそらくひとくくりに五虫のいずれかに入れられたのではなく、個々の特徴に応じて羽虫や甲虫などに分類されていたのだろう。

五虫の分類法は清代ころまで活用されていたが、その一方で虫（蟲）の範疇は時代がくだるにつれ徐々にしぼられ、現代の昆虫の概念に近づいていった。たとえば李時珍の『本草綱目《ほんぞうこうもく》』は、生物を五虫に相当する鱗部・介部・禽部・獣部・人部に分類したうえ独立した虫部をもうけ、六部としている。虫部であつかわれているのは、例外はあるものの大半が昆虫である。

本草学はまた発生のしかたでも昆虫を分類した。母親の胎内で成熟して生まれてくる「胎生《たいしょう》」、卵から孵る「卵生《らん》」、風によって生まれる「風生《ふう》」、湿気によって生まれる「湿生《しつ》」、異種のものから変じたり、忽然と生まれてくる「化生《け》」である。これは衆生を生まれかたで分けた仏教の「四生《しょう》」の影響を受けた発想だが、本草学者は胎生・卵生・湿生・化生に「風生」をくわえて五生としている。『本草綱目』の虫部は、卵・化・湿の三生に分けて記述しており、その内訳を見てみると、卵生にはハチ、カマキリ、チョウ、アリ、クモなどが、化生にはキクイムシ、セミ、ホタル、ゴキブリ、アブなどが、湿生にはカエル、ムカデ、ミミズ、カタツムリ、アメンボなどが入っている。この時代には、虫とはほぼ昆虫のことをさすようになったが、カエルやナメクジも昆虫であり、これらの昆虫には卵から孵るだけでなく、なにか異種のものから突然、変化したり、湿気からわいたりするものもあると考えられていたのである。

本書は、右のような認識の段階をたどっていた時代の中国人と昆虫とのかかわりを、正史や野史、地誌、文学などにさぐったものである。対象とした時代は周代から清代ころまでである。アヘン戦争（一八四〇年）までを古代とする中国式の時代区分にのっとり、本書でもこのおよそ三千年間を古代と呼んでいる。また、便宜的に中国人といういい方をしているが、正確にはほとんどが漢族、それも上流知識人たちの話である。少し言い訳をさせてもらうと、古代の少数民族や庶民の生活に関する記録は漢族上流階級のそれにくらべて圧倒的にすくないこともあって、いきおい後者中心にまとめざるをえなかった。

細菌やウィルスをふくめた地球上の全生物の五十パーセント以上を占め、確認されているだけでも八十万から百万種類、未発見の種類は途方もない数にのぼるといわれている昆虫。そのなかから本書が取り上げたのは、たったの六例にすぎない。なぜセミ・チョウ・アリ・ホタル・ハチ・バッタなのかといえば、『詩経』や『礼記《らいき》』など古い文献に登場し、秦漢以前から中国人との深いかかわりが明らかになっている（セミ、アリ、ハチなど）、中国人の精神や芸術にインスピレーションを与えた（セミ、チョウなど）、中国知識人のあいだに深く根づいた思想により実相が長らく歪められていた（ホタル、バッタなど）、存在そのものが国家の安危にかかわり為政者に畏れられていた（バッタ）虫たちだったからである。

チョウは死者の魂であるとか、ホタルは朽ちた草が変化して生まれるとか、飛蝗は天罰であるといった、現代のわたしたちからすれば突飛なお話が少なくないが、それらは古代中国人が昆虫はどこからくるのか、もっといえば生命はどのように誕生するのか、思いをめぐらす過程で紡がれたものであり、彼らの自然観や死生観、倫理観、願望などの反映である。昆虫にまつわる珍聞、異聞をとおして、彼らの精神世界が多少なりとも描けていれば幸いである。

目次

はじめに　iii

蟬〈セミ〉……1

死者再生の願い／セミがとまると出世する／セミのバッジは権力のあかし／高潔のシンボル／風を吸い露をのむ／セミは儚くない／迫害される虫／絵画のなかのセミ／セミ捕り遊び／セミを大量に捕る人びと／グルメが愛した食材／夜泣きの特効薬／虫愛づる宮女たち／セミ賭博／セミ売り／セミの飼育／セミの名前／分類によってさらに複雑に／佳人の生まれかわり

蝶〈チョウ〉……41
畑の野菜がチョウになる／万物はめぐる／唐代の観察者／チョウとともに昇天した仙人／たましいがチョウになる／チョウの道行き／死を告げる虫／チョウをあやつる道士／空飛ぶ刺身／チョウの饗宴／明代のチョウマニア／チョウとウリ／南シナ海の巨大チョウ／チョウを食べる／荘周の夢

蟻〈アリ〉……81
南柯《なんか》の夢／アリのユートピア／パラレルワールド／アリの霊力／アリへの畏れ／アリの恩返し／最古の食用昆虫／アリを使ったエコ農業／芸をするアリ／最後のアリつかい／かどめ正しいケンカ好き

蛍〈ホタル〉……107
「腐《ふ》草《そう》、蛍となる」／中国二千年の勘ちがい／自然に学ばず文字に学ぶ／たましい、化してホタルとなる／ホタル、化して金となる／ホタルの光で本は読めるか／邪をしりぞける虫／空前絶後のホタル狩り

蜂〈ハチ〉……………………………………127
王さまの珍味／蜜の誘惑／ハチの巣が薬に／蜂蜜より貴重な蜜ロウ／唐代を照らしたロウソク／養蜂のはじまり／ハチの科学／ハチの王はオスかメスか／養子をとるハチ／経典に異を唱えた科学者たち／ハチは毒から生まれる／武器をもつ虫／サルと組めば出世する

飛蝗〈トノサマバッタ〉……………………………165
統治者がもっとも怖れた虫／天をおおうバッタの群れ／バッタが飢饉をひき起こす／バッタが国家を転覆させる／サカナがバッタになる？／エビもバッタになる／飛蝗は天罰／バッタを呑んだ太宗皇帝／酷吏が飛蝗をまねく／蝗害をまぬがれたわけ／バッタ退治の神様／民間信仰が浮きぼりにした蝗害分布／迷信を意に介さなかった王莽《おうもう》／漢代の合理主義者／玄宗のバッタ退治／姚崇《ようすう》の宮廷闘争／詩人とバッタ／幼虫退治から卵の駆除へ／バッタを押しつけ合う／退治は防除にしかず／天敵を利用したバッタ退治

主な参考文献　219

あとがき　224

＊表紙図版…チョウを捕まえて遊ぶ宮女（唐・周昉筆「簪花仕女図巻」遼寧省博物館蔵）写真提供／ユニフォトプレス

＊章扉図版…明・李時珍『本草綱目』（蟬、蝶、蜂）

明・湯顕祖『玉茗堂南柯記』（蟻）

天明・岡元鳳『毛詩品物図攷』（蛍）

清・顧彦『治蝗全法』（飛蝗）

蟬

〈セミ〉

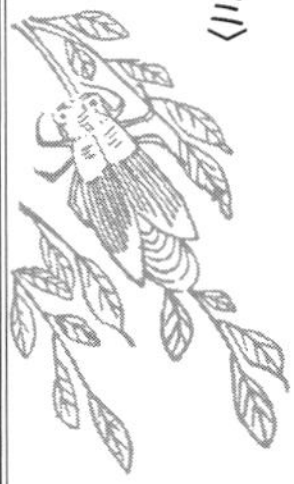

死者再生の願い

北京や上海の骨董店だのガラクタ市だのを冷やかし歩いていると、しばしばセミをかたどった玉石を見かける。手のなかでもてあそんでいると、店の主人はもっともらしい顔つきで「含蟬《がんせん》だよ」と教えてくれる。

含蟬というのは、古代、死者の口に入れた含玉の一種で、とくにセミの形をしたものをいう（口絵参照）。そもそも玉には、魔除けや死体の腐敗防止、九竅《きゅうきょう》（目・耳・鼻・口などの身体のあな）から魂が抜けだすのを防ぐなどの効力があると信じられ、古くから埋葬に用いられてきた。含玉をわざわざセミの形に刻んだ理由はいくつか推測されているが、ひとつは、そこに死者再生の願いをこめていたと考えられている。セミの幼虫が何年もひそんでいた真っ暗な地中から這いだし、木にのぼってゆくさまは、たしかに墳墓からのよみがえりを連想させる。

玉の含蟬は漢代になって大流行した。漢代というのは神仙思想が広まった時代でもある。当時の含蟬には、たんに再生への願いだけでなく、さらに屍解仙《しかいせん》になれるようにとの願望が託されていた可能性もある。

屍解仙というのは、死んだのちに魂だけが肉体を抜けだし仙人となるもので、生きながら昇天した「天仙」、地上で不老不死を得て名山に遊ぶ「地仙」の下に位する仙人だ。屍解仙は肉体を置き去りにする場合もあれば、屍体が消失し、かわりに着物や履《くつ》、刀剣などをのこしていく場合もある。仙人の伝記を集めた『列仙伝』や『神仙伝』にはさまざまな屍解仙が登場する。そのなかから一例をひろってみよう。

谷春《こくしゅん》は櫟陽《れきよう》（いまの陝西省西安市閻良《えんりょう》区）の人で、前漢の成帝のときに郎官（宮門の守衛、天子の護衛などにあたる官職）となった。病で亡くなったため、家人は葬儀をいとなみ喪に服したものの、亡骸が冷たくならないので、棺に釘を打つ気になれずにいた。

そうこうして三年ほどたったある日のこと。彼が衣冠をなおして城門のうえに座していたものだから、街の人びとは腰を抜かした。知らせを聞いて家族が迎えにいったところ、いっしょに帰りたがらない。自宅の棺の蓋を開けてみると、谷春の遺骸は消え、着物だけがのこされていた。

谷春は城門のうえで三日すごしたのち長安へ向かい、今度は長安城北側の横門のうえに腰をおろした。ふたたび家人がかけつけたが、今度は長安もはなれて太白山（陝西省南西にそびえる秦嶺山脈の主峰。道教の名山としても有名）へいってしまった。

（前漢・劉向《りゅうきょう》『列仙伝』）

谷春の場合は肉体をこの世に置き去りにして仙人となったが、納棺してしばらくたって棺を開けてみたところ、遺骸も消え、最終的には着物しかのこっていなかったというパターンである。木の枝にしんとしてぶらさがっているセミの抜け殻を見て、漢代の人びとは屍解仙が蛻《もぬ》いていった着物を連想したこともあったのではないだろうか。また、羽化したてのセミは透きとおるように青白く、この世のものならぬ霊気をただよわせている。仙人になることを羽化登仙《うかとうせん》ともいう。セミの羽化は、昇仙の神秘的なイメージともかさなったことだろう。

儒教を官学として国を治め、前漢の全盛時代を築いた第七代皇帝・武帝（劉徹。前一五六〜前八七年）もまた、神仙世界に傾倒していた。

『史記』孝武本紀や封禅書《ほうぜんしょ》には、「即位すると、とりわけて鬼神《きしん》をうやうやしく祀った」武帝が、おびただしい数の方士たちを重用し、蓬萊に仙薬や仙人を求めさせ、封禅（天子が泰山の山頂で天を、ふもとで地を祀る儀式）をおこなったこと、また方士たちが武帝のまえでみせた神仙術のあれこれが記されている。

最晩年に方士たちの虚妄から目覚め、後元二（紀元前八七）年に没した武帝は、おびただしい数の玉片を金糸でつづりあわせたよろい「金縷玉匣《きんるぎょっこう》」に身を包み、茂陵に埋葬された。かつて不老不死を希求していた皇帝の口に、はたして含蟬は差し入れられたのだろうか。

次項以下にのべるように、中国人はセミにたいして日本人とはかなり異なるイメージをもっているが、「再生」や「登仙」はもっとも魅惑的なイメージのひとつだろう。いま、中国の市中にでまわっているような含蟬は十中八九、模造品だろうけれど、ほこりっぽい骨董店の店先で、小さくて平たくて滑らかな玉石のセミを目にするたび、つい、舌先がひんやりするような、陶然とした心もちになる。

セミがとまると出世する

南朝の梁に、武帝（蕭衍《しょうえん》。四六四～五四九年）に寵遇されたのをよいことに専権をむさぼり、やがて国を衰退にみちびいた朱異《しゅい》（四八三～五四九年）という奸臣がいる。少年時代は遊びほうけて賭博にのめりこんだりしていたが、もともと頭がよかったのだろう。あるとき一念発起して勉学にいそしみ、たちまちにして五経をおさめ、あらかたの文学書や歴史書も読破してしまった。諸芸に通じ、書算や囲碁にもすぐれた腕前をみせた。

そんな彼が、おりから異能の士を求めていた武帝に召しだされ、拝謁したのは二十一歳のときのこと。「朱異はまことに俊異である」と、評判にたがわぬ才気煥発さが気に入られ、以後、とんとん拍子に出世した。朱異が中央官庁の中級役人に抜擢されたのはちょうど秋であったが、拝命のその日、どこからか一匹のセミが飛んできて、彼の冠にとまった。これを見た人びとは口ぐちに「蟬《せん》珥《じ》の兆しだ(1)」とささやいた。

蟬珥というのは冠飾りの一種である。武官は「武冠」と呼ばれる冠を着用していたが、禁中への出入りが許されるほど高位のものは、セミをデザインした黄金製の豪華なバッジ「蟬文金璫《せみもんきんとう》」（口絵参照）とテンの尻尾の毛（珥貂《じちょう》）を冠に飾りつけるのがならわしだった。朱異の頭にセミがとまったのを見て、周囲の人びとが高官だけに許された特別な冠をいただく兆し、すなわち立身出世の前ぶれだと噂したのは、この官服の決まりごとをふまえているのである。「朱異伝」のエピソードはできすぎている気がするが、はたして彼は、その後、没するまでの三十年あまりにわたり要職を歴任して権力をほしいままにし、最後には尚書右僕射が追贈された。

セミのバッジは権力のあかし

武冠に蟬文金璫やテンの尻尾の毛をあしらう習慣は南朝にはじまったことではなく、戦国時代に趙の武霊王が北方の遊牧民族をまねたのがはじまりとされている。その後、秦が趙をほろぼし、趙王の冠を近臣に賜ったことから、蟬珥の冠装飾は秦漢代に受けつがれ、漢族独自のデザインが整えられていった。

『後漢書』輿服志には、天子の側近である侍中や中常侍の武冠には「黄金璫を加え蟬を附して文と為し、貂尾を飾と為す」とある。後漢になると中常侍の職はもっぱら宦官がになったので、蟬文金璫は宦官の代名詞にもなった。冠にこのセミバッジをつけている者の権威たるや相当のもので、不正蓄財をするは、血縁者を要職につけるはのしたい放題。このため前漢の劉向や後漢の朱穆《しゅぼく》といった廉直の士が、蟬文金璫の横暴ぶりは目にあまると、たびたび時の天子に上奏している。

武冠は王朝や時代によって恵文冠、繁冠、籠冠、建冠などと呼び名は変わったが、冠上の黄金のセミバッジは高位高官のあかしでありつづけた。隋代や唐代になると、侍中、中書令などの高官のほか、親王の冠にも蟬文金璫がついた。天子が日常的にかぶる通天冠、出征時や狩のときにかぶる武冠にもセミバッジがつくようになった。

唐代の閻立本《えんりっぽん》筆と伝えられる『歴代帝王図巻』を見ると、後漢の始祖・光武帝、三国魏の文帝（曹丕《そうひ》）、呉の孫権、蜀の劉備、晋の武帝（司馬炎）、北周の武帝、隋の文帝（楊堅）など、居ならぶ帝王たちの冠正面にセミ飾りがついている。中国で最高権力者にこれほど重用された昆虫は、セミをおいてほかにないだろう。

晋武帝司馬炎　冠正面にセミのバッジを飾っている。伝閻立本筆『歴代帝王図巻』（ボストン美術館蔵／写真提供ユニフォトプレス）

もともと胡服に起源をもつとはいえ漢族の服制のなかで連綿と踏襲されてきた冠の蟬文金璫は、女真《じょしん》族の金朝（一一一五～一二三四年）やモンゴル族の元朝（一二七一～一三六八年）など異民族が支配した時代にも、採用されつづけた。彼らは民族固有の衣冠をたもちつつ、セミの金バッジは捨てなかったのである。

朱元璋が元朝をほろぼして明帝国をたて、ふたたび漢族の天下となると、太祖はモンゴル式の装束を禁じ、ことごとく唐代の形式にもどすよう詔勅を発した。洪武二十六年（一三九三）には爵位に応じてセミバッジの材質も規定し、朝服着用の際、公は玉、侯は金、伯はべっこうのセミをそれぞれ冠の前後につけることとした。

満州族の清朝となって、ようやく冠から蟬文金璫は消えたが、漢代から明代までじつに千六百年あまりもセミは権力者の頭上で輝いていたことになる。

高潔のシンボル

セミがかくも長きにわたって貴顕のしるしとされていたのはなぜだろうか。三国魏の詩人・曹植（一九二〜二三二年）が、いみじくも「蟬賦」に書いている。

そもそも蟬というのは清らかな虫だ。はじめは陰《いん》なる地中に潜んでいるが、陽《よう》の気がさかんな真夏になると、林にでてきて遊びはじめる。まこと淡白にして寡欲なもので、ひとり気持ちよさそうに、いつまでも鳴いている。その声はよく通り、いよいよたかぶってきたところは、節士の剛直な心の声を聴くかのようだ。心は穏やかでなにも食らわず、諸物にかこまれていながらいかなるものも求めない。高枝に棲み、顔は天を仰ぎ、清らかな朝露で口をすすぐ……夏に生まれ、冬に逝く。その曇りない正しさは伯夷《はくい》にも匹敵する。帝臣たちは（そんなセミを）頭に戴き、尊ぶのである。

伯夷というのは、殷末周初の伝説的隠者である。孤竹国（いまの河北省東北部にあったとされる）の王子であったが、父王の遺言は弟の叔斉に国を譲るというものだった。ところが叔斉は長兄の伯夷をさしおいて王位につくことをいさぎよしとしない。王位を譲りあう兄弟は、結局、ともに国を捨てて出奔してしまう。ふたりは徳治で聞こえた周の文王をたよっていったが、訪ねてみれば王はすでになく、子の武王がまさに殷の紂《ちゅう》王を討たんとしているところだった。伯夷と叔斉は馬車を押しとどめていさめた。

「父君が亡くなったばかりで挙兵するとは、なんたる不孝。しかも臣下の身で主君を討伐しようとは不仁のきわみですぞ」

しかし諫言は容れられず、武王は殷を滅ぼし、天下は周のものとなった。このまま周の粟《ぞく》をはめば義にそむくと考えた伯夷と叔斉は首陽山に隠棲し、ワラビなどの山菜を採ってしばらくは飢えをしのいでいたが、やがて餓死してしまった。あまりに融通のきかない兄弟の行動については昔から賛否があるが、孔子がたたえたことから儒教では聖人と評価されている。なにも食べずに露だけを口にふくみ、高い木のうえで朗々と鳴くセミは、義を守り餓死した聖人にもひとしい高潔さをもつと、曹植の「蟬賦」はいっているのである。

曹植だけではない。セミは理想の君子像を体現した昆虫である、というとらえ方はそれ以前もその後も、官僚知識層を中心に広く共有されていた。『史記』は、剛直さゆえ讒言によって左遷され、楚国のゆくすえを悲観して入水自殺した屈原について、「自《みずか》ら濯淖《たくとう》汚泥《おでい》の中《うち》なるを疎《うと》んじ、濁穢《だくあい》を蟬蛻《せんぜい》し、以《も》って塵埃《じんあい》の外《ほか》に浮游《ふゆう》し[2]」たと伝えている。屈原が濁った汚泥のなかに暮らすことをいやがり、そこからすっぱり抜けだし、世俗の外に超然と生きたことを、殻を脱ぎ捨てるセミになぞらえているのである。

西晋の文学者・陸雲（二六二〜三〇三年）にいたっては、セミには五つの徳がそなわっているとまでいっている。「頭上に蕤《ずい》あるは文なり、気を含み露を吸うは清なり、黍稷《しょしょく》を享《う》けざるは廉なり、巣居《そうきょ》せざるは倹なり、候に応じて常あるは信なり」（『寒蟬賦』序）と。セミの頭に冠の下げ飾りのような文様があるのは教養のあらわれ、気を食べ露を吸うのは清らかさのあらわれ、五穀を食べないのは廉直のあらわれ、自分の巣をもたないのはつつましさのあらわれ、季節にしたがって生まれ死んでいくのは信義のあらわれだというのである。

皇帝につかえる高官たちはこうしたセミの徳にあやかろうと、あるいは自らの徳をアピールするため、黄金のセミバッジをいちばん目立つ冠の正面につけたのだった。もっとも蟬文金璫の者たちのふるまいが、セミの美徳と正反対であったことはすでに述べたとおりであるが。

風を吸い露をのむ

露をのむばかりで食べない、ひとり高所で鳴いている、生まれ死ぬ季節をたがえない、といったセミの特性は、高潔、超俗、節操の象徴として古典詩や賦でもくりかえしうたわれている。なかでもとりわけ強調されていたのが、露しかのまない点だ。

朝露で口をすすぐ　　（曹植「蟬賦」）
朝華の墜露をくむ　　（西晋・陸雲「寒蟬賦」）
渥露の朝零を吸う　　（西晋・傅玄「蟬賦」）
清露をのむ　　（唐・虞世南「蟬」）

昔の中国の知識人たちにとって、仙人の「五穀を食らわず、風を吸い露をのみ、雲気に乗りて飛龍を御し、四海の外に遊ぶ」（『荘子』逍遥遊）という清らかでとらわれのない境地は、一種の理想だった。露をのむだけで食べないセミは、彼らにこうした仙人的生活を連想させたのだった。じつのところセミは頑丈な口吻《こうふん》を樹木につきさして樹液を吸い、しっかり栄養を摂取しているのだが、当時の人びとは、セミは文字どおり「朝露」や「清露」だけで生きていると考えていた。

文学者だけではない。自然科学者も本気でそう信じていたふしがある。宋代の寇宗奭《こうそうせき》は『本草衍《ほんぞうえん》義《ぎ》』で、羽化については「闇夜に土中からでて高所にのぼり、殻の背をさいて蟬があらわれる。日中は人に見つかるし、陽光で殻が乾いて蛻けなくなることを畏れるからだ」とかなり正確に述べる一方で、吸汁に関しては「古人は、蟬は風露をのんで生きているといったが、糞をせず、尿しかしないところをみると、どうもそうらしい」と語っている。寇宗奭からおよそ五百年のちの明代の李時珍もまた『本草綱目』のなかで、セミは「風を吸い、露をのんで生きているので、尿はしても糞はしない」と同じ説をくりかえしている。

農夫は、幼虫が樹木の根から、また成虫がリンゴやナシ、モモなどの果樹の幹からさかんに吸汁し、樹勢を弱めてしまうことがあるのを大昔から知っていた。知識人たちも、あの頑丈な口吻はただ風露を吸うためのものなどではないと早々に気づいてよさそうなものだが、誤解は長いあいだ正されなかった。彼らの「風を吸い露をのむ」境地への強烈な憧憬が、観察のさまたげになっていたとみるのは、うがちすぎだろうか。

セミは儚くない

中国人は、セミの高潔さを証明するための根拠はいくつも列挙したが、この虫の儚さにはあまり言及していない。「蟪蛄《けいこ》は春秋を知らず（夏に生まれ、夏に死んでしまうので、春も秋も知らない）」という『荘子』逍遥遊の一節があるにはあるが、この虫に託して無常観をうたった詩歌は思いのほか多くない。「常もなき夏の草葉に置く露を命とたのむ蟬のはかなさ」（詠み人知らず『後撰和歌集』巻四）、「やがて死ぬけしきは見えず蟬の声」（松尾芭蕉）など、日本の詩歌がしばしばセミの儚さを詠んでいるのとは対照的だ。

ひとつには、セミを食材や薬材として使うため熱心に観察していた古代中国人は、いくつかの勘違いはあるにせよ、おおまかな生活史を把握しており、この虫がさほど短命ではないことを知っていたのかもしれない。李時珍は、セミには幼虫が変じるものもあれば、フンコロガシから変化するものもあるが、いずれも三十日間で死ぬ、と『本草綱目』に書いている。実際、中尾舜一『セミの自然誌』によると、人工飼育下での話だが、クマゼミ、ミンミンゼミ、アブラゼミ、ニイニイゼミ、ツクツクボウシ、ヒグラシなどが羽化してからの生存期間は二週間から三週間くらいあったそうだ。自然の環境で天敵にあわなければ、李時珍のいうように、かなり長生きする成虫もいるかもしれない。さらに土中で過ごす幼虫時代もふくめれば、セミは昆虫としては決して短命とはいえないのである。

もうひとつには、中国文学の本質とも関係がありそうだ。川合康三『中国のアルバ　系譜の詩学』は、「中國の古典詩は士大夫が擔うために、士大夫としての理念の表明であることを要求される」という。「人の生をはかないものと認識しながらも、それに抗して生きようとする意志を唄うところにこそ、中國の文學の獨自性がある。はかない生き物として蟬を捉えるよりも、露しか飲まない高潔さが文學のなかの蟬の主要な特性となっているのは、中國の文學が士大夫の精神の表明であるからである」という指摘はとても興味深い。

たとえば唐代の書家にして名臣であった虞世南《ぐせいなん》（五五八〜六三八年）がまさにそうだった。彼はセミに託して高士の精神をこんなふうに詠みあげている。

蟬

緌《ずい》を垂れて清露を飲み
響きを流して疎桐より出《い》づ
高きに居れば声自ずから遠し
是れ秋風を藉《か》るに非ず

セミは緌を垂らして清露を飲み、間断ない鳴き声は天をさす桐の梢のあいだから響きわたる。

高みにいるからこそセミの声は遠くまでとどくのであって、秋風に運ばれて響くのではないのだ。

「緌」というのは、冠を固定する紐をあごのしたで結んだときに垂れる部分のこと。セミの長い口吻をこれに見立てているのだが、詩はセミに仮託して、冠をかぶって緌を垂らしているほどの者（高位高官）のあるべき姿を暗に詠んでいる。声望とは俗な名利を求めず、恬淡として孤高を守っているからこそ天下に聞こえるのであり、権勢や財力によって響きわたるものではないのだ、と。

虞世南は欧陽詢《おうようじゅん》や褚遂良《ちょすいりょう》とならび初唐の三大家にかぞえられる書家であるが、その人となりも抜きんでていた。博学で品格があり、体つきは着物の重さにも耐えぬほど弱々しかったが、曲がったことが大嫌い、天子に向かってさえ直言をはばからなかった。太宗（唐の第二代皇帝。李世民。五九九〜六四九年）もまたそんな彼の徳行・忠直・博学・文辞・書翰を五絶（五つのすぐれた特質）とたたえた。虞が死去した際、太宗はこういって嘆き惜しんだ。

虞世南はわたしの一部であった。いたらぬところを探してはいさめ、いついかなる日にもそれを忘れたことがない。じつに当代の名臣にして、人の手本であった。わたしに少しでも良いところがあれば、その方向で事が成るように尽力し、いささかでもぬかりがあれば、かならず顔をしかめていさめてくれた。その虞が死んだ。文学館（賢才を集め、政治や古典について討論させた部署）のなかにもはや彼ほどの人間はいなくなってしまった。

（唐・呉兢『貞観政要』）

太宗をしてここまでいわしめる人物がうたうのは、どうしたってセミの儚さではなく、高潔さであったろう。

迫害される虫

しかし世の中、高潔さゆえに取り立てられる人生ばかりではない。むしろ上におもねらず、正論しかいわない廉潔の士は、往々にして周囲にうとまれたり天子の不興を買ったりして、不本意な境涯におかれる。だから実際には、虞世南の詩のようにストレートにセミの高潔さをうたいあげたものばかりでなく、セミに託して我が身の不遇をかこった詩歌も多かった。

初唐の四傑のひとりにかぞえられた詩人・駱賓王《らくひんのう》（六四〇？〜六八四？年）は、唐朝を中断させて政権を掌握し、周王朝をたてた武則天にたびたび上書したがいれられず、ついに彼女の逆鱗にふれて、いわれのない罪で投獄された。そのおりに書いた詠物詩「獄に在りて蟬を咏ず」では、自らの状況をセミになぞらえて嘆じた。

露重くして飛べども進み難く　風多くして響き沈み易し
人の高潔を信ずる無く　誰が為にか予が心を表さん

武后勢力が手かせ足かせとなって道にかなった行いができず、彼らの声に正論もかき消されがちだ。わたしの高潔を信じてくれる者もいなくて、いったい誰に我が思いを訴えたらよいものか。

八ページでとりあげた曹植の「蟬賦」も、セミの高潔さをたたえる一方で、作品全体としてはかなり悲壮感がただよっている。なにしろセミはクワの葉のしげみに隠れ、のどかな時を過ごそうと思っているのに、ヒワやカマキリがねらっている。空へ逃げようとすればクモが網を張っているし、地にひそんでいれば草むらの虫がいつ襲ってくるかと気が気でない。ようやく遠い宮殿の庭の果樹に隠れこんだと思ったら、遊びにきた悪童どもに捕まり、最後は人間の餌食となってしまうのである。

曹植は、字は子建、魏の曹操の正嫡の三男である。幼少のころから卓越した詩才を見せ、詩人でもあった曹操にたいそうかわいがられて太子に擬せられたこともあった。このため長兄の曹丕《そうひ》（一八七〜二二六年）と曹植の側近のあいだに熾烈な権力争いが生じた。曹丕側が争いを制して父の没後に魏王を継ぎ、後漢の献帝から簒奪に近いかたちで禅譲を受け帝位につくと、曹植の腹心は次つぎに殺され、彼自身も封地を転々とさせられた。王とは名ばかりで、つねに監視され、身の危険に心休まる日もない。曹植は兄にたいし、謀反の心がないことや中央での登用をたびたび訴えたが聞き入れられず、ついに四十一歳で失意のうちに病死している。「蟬賦」は、そんな彼の境遇と心情を、無欲恬淡なセミになぞらえて訴えた作品でもあるのだ。

絵画のなかのセミ

政局の変化がめまぐるしく戦乱が絶えなかった魏晋南北朝時代、世俗を嫌う多くの孤高の士が山林に隠遁した。彼らは閑にまかせて山水や花、鳥などの自然を描き、昆虫もしだいに絵のなかに取り入れるようになっていった。花鳥画というものが芽生え、形成されつつあったこのような時期に「蟬雀図」と称する一連の絵画が登場する。『歴代名画記』(唐・張彦遠)によれば、作品は現存しないが、南朝宋の画家・顧景秀が扇面に描いたのが最初とされる。その後、同じく南朝宋の陸探微や劉胤祖、斉の丁光らが手がけ、蟬雀図は花鳥画の代表的なジャンルのひとつとなった。

しかし魏晋南北朝時代の蟬雀図は、官僚詩人たちがセミを高士の暗喩としてうたったのと同様、純粋に自然を描いたというよりは政治的寓意をこめたものだった。いまにも鳥に襲われそうなのに当のセミは察知しておらず、ヤナギの枝などにのんびりとまったまま飛びたつ気配がまるでない、というのがお約束のシチュエーションで、鑑賞者の焦燥をかきたてる。そもそも蟬雀図は次のような故事がもとになっている。

春秋時代、楚の荘王（?～前五九一年）は兵を挙げて晋を討とうとしていた。そこで士大夫たちにいった。

「わたしを止めようとする者は殺す」

宰相の孫叔敖《そんしゅくごう》は「鞭打ちを怖れて父をいさめなければ孝子といえないし、死罪を怖れて君主をいさめなければ忠臣とはいえない」と考え、意を決して申しあげた。

「わたくしの屋敷の庭に楡の木がございます。その枝に蟬がとまっておりまして、清露を飲まんとしきりに翅をふるわせ、哀れな鳴き声をあげております。ですが背後で蟷螂《カマキリ》が頭をかしげ、鎌を振りおろそうとしていることに気づいておりません。その蟷螂は蟬を食らうことに夢中で、黄雀《ヒワ》がうしろで首をのばし、自分をついばもうとしていることを知りません。その黄雀も蟷螂しか目に入らず、下から子どもがはじき弓をかまえ、ねらいをさだめているとは夢にも思っておりません。ですが子どももじつは、数歩先に深い穴が、背後には洞が口をあけていることに気づいておりません。虫や動物、庶民ばかりでなく、君主もまた同じ。殿は目下、かの国の土地をとることだけを考え、勇み立っておられるのです」

これを聞いて荘王は出兵をとりやめたため、楚国は危機をまぬがれた。

（『韓詩外伝』巻十より要約）

この話は「蟷螂捕蟬、黄雀在后（蟷螂《とうろう》、蟬を捕らえんとして、后に黄雀在るを知らず）」という成語にもなっており、現代でも目先の利益や快楽に心をうばわれ、リスクを考えない愚をいましめるのに使われている。だが当時の官僚にとっては、いまよりはるかに身につまされる寓話だった。政権がめまぐるしく変わり、陰謀渦まく政治の世界にあって、自分の周囲は敵だらけ。身をつつしみ、正しいことをいっていてもなお、裏切り、讒言によっていつ、どの方面から足をすくわれるかわからない。一瞬でも油断すれば命取りになる、という状況だったからである。

高潔の士の隠喩であるセミは、ヒト・ヒワ・カマキリという食物連鎖の末端の被食者に位置づけられている。みずからは他者を傷つけず、清露を飲むばかりなのに、周囲からは害される一方というわけだ。迫害される虫というセミのイメージは、「蟷螂捕蟬、黄雀在后」の故事を視覚化した蟬雀図が繰り返し描かれることによって、ますます強められていった。

セミ捕り遊び

もちろん、セミは官僚知識層や死者たちの占有物だったわけではない。日本同様、子どもの夏の遊び友だちでもあった。

王充（二七〜一〇一?年）は『論衡』自紀のなかで「ほかの子たちは雀や蟬を捕まえ、銭遊びだの木のぼりだのを喜んでいたが、充はひとりなかまにくわわらなかった」とみずからの子ども時代をふり返っている。反俗をつらぬいた後漢の大学者・王充先生は、幼少のころより洟たれ小僧どもと群れて遊ぶことなど好まなかったらしいが、ごくふつうの少年たちは、二千年ちかくまえにもセミ捕りを楽しんでいたことがわかる。

採集道具はたぶん、もち竿だ。

曹植の「蟬賦」が、実兄一派に迫害されるわが身をセミになぞらえた賦であり、カマキリやクモの魔手から逃れたあげく、悪童どもに捕まってしまう経緯は一七ページに紹介した。そこのくだりは「獮猿《サル》のようにはしこい」子どもが「しなやかな竿をにぎり、(先端の)小さな黐《ねば》をつかってわたしをからめとった」とある。西晋の文学者・傅咸《ふかん》(二三九〜二九四年)もまた、息子を喜ばせるために、庭の木にきたセミをもち竿で捕ったと「粘蟬賦」序に書いている。漢代の画像磚には、樹上のセミに長い竿をさしのべている図がのこっており、もち竿は一般的なセミの採集道具だったようだ。もっともこの画像磚には、竿をもった人物のとなりに、はじき弓で同じセミに照準を合わせる人物も描かれている(次ページ)。はじき弓もよく使われたのかもしれない。

セミを大量に捕る人びと

『荘子』達生には、このもち竿をたくみにあやつり、名人の域に達した老人がでてくる。

孔子一行が楚の国にいく途中、林を通りかかると、せむしの老人がまるで物でもひろうように、もち竿でひょいひょいと蟬をつかまえているところに出くわした。孔子は、たずねた。

「じつに見事なものですな。なにか秘訣でもあるのですか」

「ふむ、五、六か月ばかり修行をしますのじゃ」

老人はつづける。

「竿の先に丸《たま》をふたつ重ねてのせましてな、これを落とさないようになったら、捕り逃がす蟬はぐんと少なくなりまする。みっつ重ねても落とさなくなれば、失敗は十に一。いつつ重ねた丸が落ちなくなったころには、ひろうようにやすやすと蟬をつかまえられるようになっていますのじゃ。ほれ、わしの身体は根が張った切り株のように、腕は枯れ枝のようになって、身じろぎひとつしませせぬ。天地がいかに広大じゃろうと、万物がどれほど雑多じゃろうと、もはやわしの心眼に映るのは蟬の翅のみ。されば仕

セミを捕る子どもたち　もち竿（右）とはじき弓が描かれている。漢画像磚
（『唐漢解字・漢字与動物世界』書海出版社）

損じようがありませぬ」

孔子はふり返り、弟子たちにいった。

「精神を統一すれば神業のごとくなるというが、まさにこの老人のことであろう」

老人はねらったセミを一匹も逃さず、しかも異様にはやいスピードで採集してゆく。孔子はその精神集中ぶりを賞賛している。

名人ではない人が手っとり早くたくさんのセミを捕るには「耀蟬《ようせん》」という方法が使われた。こちらは数人が協力しておこなう。昼のあいだにセミがよく鳴いている木をマークしておき、夜になったら、その下で盛大に焚き火をする。ひとりが木にのぼって力まかせに枝を揺すると、びっくりしたセミが大騒ぎしながら火に向かって落ちてくるから、樹下で待ち受けていた人びとは、焚き火のまわりでジタバタしているところを片はしからひろって歩くという寸法。つまりライトトラップである。

『荀子』致士や『淮南子』説山訓はこの採集法をひきあいにして、君主がおのれの徳を明らかにすれば、賢士はおのずから集まってくるものだと説いている。こうしたたとえ話に使われるくらいだから、耀蟬もまた古くから広くおこなわれていたセミ捕り法だったようだ。

グルメが愛した食材

それにしても孔子を感服させた名人といい、耀蟬といい、大のおとながこうまでして熱心に大量のセミを採集するのは、なんのためか。

おそらく食べるのだ。古代の家庭内のしきたりや礼儀についてしるした『礼記』内則《だいそく》によれば、「蜩《セミ》」は君主の日常の食卓にのぼる食材だった。また唐の楊倞《ようけい》は『荀子』の耀蟬について、「南方の人は蟬を照らして取り、これを食った」と注している。

文献だけではなく、漢代の墓からは、いままさにセミをあぶっている焜炉《こんろ》を模した陶製の明器が数点、出土している。炉はいずれも焼き鳥やうなぎの焼き台を小ぶりにしたような形をしており、内部には炭が入れられるようになっていて、空気を逃がす孔もあいている。炉のうえには四匹から六匹のセミを刺した串が二本、並んでいる。魚や肉を焼く焜炉としては小さすぎるので、セミ焼き専用なのかもしれない。青銅製の実物をほうふつさせる、青緑色の釉薬をかけたものもある。死者があの世で使うさまざまな生活道具を再現した明器のなかにセミ焼きの焜炉があったということは、漢代にはセミをあぶって調理することが日常的な光景だったと推測できる。

こうしたことから、おそらく周代のころより、貴賤を問わずセミを常食していた人たちがいたと考えられる。もしかしたらセミ捕り名人や耀蟬をする大人たちは自家用にするだけでなく、セミを売っていたのかもしれない。

漢墓から出土した明器により、セミの調理法のひとつがあぶることだとわかったが、古来の農書を集大成した『斉民要術《せいみんようじゅつ》』（六世紀前半成立。北魏・賈思勰《かしきょう》）は、「セミのなますの作り方」を伝えている。セミをたたきつぶしてあぶり、よく火を通したのちに細かくむしって酢につける。あるいはこれを蒸して、みじん切りの香草をのせる。また湯通ししたセミをむしり、香草とともに食べるとある。これは成虫の話だろう。成虫を食す西南部の少数民族のあいだには、翅を取り去って蒸したのちにセミをつぶしてつくる蟬醤、つまりセミ味噌というものがある。

セミ焼きの焜炉　陶製の明器である。22.3×12×16.6cm。2003年、済源市沁北電廠西窯頭工地10号墓出土。漢代
（済原博物館蔵／写真提供　ユニフォトプレス）

　セミは現代でも江蘇省や安徽省、山東省、河北省など各地で食用にされているが、多くは「蟬猴《せんこう》」と呼ばれる脱皮するまえの幼虫である。調理法は揚げる、炒める、焼く、蒸す、さまざまだ。もっとも手軽なのは、幼虫を半日ほど塩水に漬けたのち、炒めたり焼いたりする方法だ。中国人が口をそろえて「好吃《うまい》」というのが、外側のキチン質がカリッと仕上がる唐揚げである。幼虫の体にはタンパク質が七十パーセント以上含まれているというから、これだけでも栄養価の高いスナックだが、揚げたての熱々にさらに甘酢あんをかければ立

派な一品となる。

ところで本章の冒頭で、神仙思想が広まった漢代、再生の願いをこめて死者の口にセミの形をした玉を入れる習俗を紹介した。しかし含玉そのものは漢代以前、古くは殷周時代の墓からも見つかっている。そのころはまだ形が定まっておらず、サカナ、アヒル、ブタ、イヌ、ウシなど、さまざまな動物をかたどったものがあった。含玉は、黄泉に旅だつ死者がひもじい思いをしないよう、食用動物のかわりに口に含ませたことが起源だともいわれている。漢代の含蝉にも、死者再生や羽化登仙の願いのほか、亡き人が生前、大好物だったセミを黄泉路で味わえるようにという、埋葬者の思いが込められていた可能性はないだろうか。

夜泣きの特効薬

セミには食材のほかに薬材としての需要もあった。大人たちが大量にセミを集めていた目的のひとつは、医薬品にするためだった可能性も考えられる。

『詩経』豳風《ひんぷう》の「七月」に「(陰暦の)五月には蜩《セミ》が鳴きはじめる」という一節があるが、俗に「五月に蟬が鳴かねば赤子に災い多し」といわれた。ひとつには、天候不順でなかなか暖かくならなければ、抵抗力の弱い乳児は病気にかかりやすくなる。もうひとつは、セミは乳幼児の夜泣きやひきつけの特効薬だったから、たくさん羽化してくれないと薬の原料不足が生じてしまうのだ。

なぜ夜泣き治療にセミが用いられたかといえば、この虫が昼間鳴き、夜になると鳴きやむところからきたのだと李時珍は『本草綱目』で説明している。セミの習性にあやかって、赤子が夜はおとなしくなるようにということだ。宋代のころまでは成虫の身をさかんにもちいたが、元代あたりからは蟬蛻《せんぜい》、すなわち抜け殻を活用するようになる。こちらは、蛻く（脱皮する）ことは風熱を去ることに通ずるとの発想だ。小児の夜泣きや夜驚症のほか、破傷風、できもの、皮膚のかゆみなど風熱が原因とされる症状に、粉末にしたものを服用したり、直接、患部に塗布したりした。

中国の伝統医薬の根本には、「その性によって効をなす」という考え方がある。ヒトや動物の血を吸うヒル、アブなどを瘀血《おけつ》（血流の滞り）改善の薬にしたり、夜に光るホタルを眼病の治療にもちいたりするのが一例だ。長年の経験によって生薬の効果や副作用が一つひとつたしかめられ、のちに牽強付会の説にすぎないとわかった薬材も少なくないが、「その性によって効をなす」という考え方は、本草家たちをセミにかぎらず昆虫全般の習性や生活史を探求することに駆りたてた。結果として、古代の自然科学の進歩に貢献したのも事実である。

このほかセミそのものではないが、蟬蛻とおなじ薬効をもつとされるものに蟬花がある。地中にいるミンミンゼミなどの幼虫に子嚢菌類のセミタケが寄生し、頭上に花冠のような五〜八センチの子実体をはやしたものだ。近年では抗腫瘍や免疫力向上といった作用が注目され、ガの幼虫に寄生する冬虫夏草とならぶ稀少な生薬となっている。

虫愛づる宮女たち

唐代には宮中の女たちもセミを捕った。こちらは食べるためでも生薬にするためでもなく、つれづれを慰めるための、いささか淋しいセミ捕りだ。宮女というと華美で快楽に満ちた生活を想像するが、粉黛三千の宮廷で皇帝の寵をうける者はごくわずか。ほとんどの女たちはお目にとまることすらなく、宮殿の塀のなかで青春をむなしく過ごさざるをえなかった。生活には困らないが、無為に時を過ごしていると、つい、故郷を懐かしんだり、わが身の行く末を思いわずらったりしてしまう。いきおい彼女たちは蹴鞠やブランコ、囲碁、賭博など、さまざまな遊興に励むことになる。

わが国では虫愛づる姫君は変わり者とされたが、唐の宮中では妙齢の宮女たちが虫を捕って飼育することもまた気晴らしのひとつだった。コオロギを闘わせる「闘蟋《とうしつ》」はいまも中国の秋の風物詩だが、千二百年前の宮女たちからはじまったとされている。夏のいっときのセミ捕りも、やはり女たちの心やりになったのだった。

陝西省乾県の章懐太子（高宗と武則天の第二子、李賢）の墓からは、セミを捕らえんとしているうら若き宮女を描いた壁画「観鳥捕《かんちょうほ》蟬図《せんず》」が見つかっている。画面中央の、当時、宮中で流行した男装姿の女性がそれだ。ほかの宮女たちと退屈しのぎに宮廷の庭園をそぞろ歩いていて、木の幹で一心不乱に鳴いているセミを見つけたのだろう。凝視しながらそろそろと右手をあげ、袖をはらおうとしているところをみると、素手で捕まえるつもりらしい。それにしても左右の女たちのなんとも物憂げなこと。それぞれがてんでにもの思いにふけっているようである。
さて、男装姿の宮女は捕まえたセミをどうするのか。おそらく籠に入れ、野生のセミたちが大合唱している木の枝に吊るして連れ鳴きさせ、その声を愉しむのだ。あるいは、ほかの宮女たちもセミを入れた籠をもってきて吊るし、だれのセミがいちばん長く鳴きつづけるか競うのである。

セミを捕る宮女　章懐太子墓壁画「観鳥捕蟬図」　唐代
(陝西省博物館蔵／写真提供　ユニフォトプレス)

セミ賭博

宮廷人ばかりではない。唐代は庶民階級の女子どももセミの鳴き声を観賞したり、鳴きくらべに興じたりしたことが宋・陶穀『清異録』にしるされている。

唐の時代、夏になると働きもせずぶらぶらしている都の遊び人たちが蟬を捕まえて売り歩いていた。

「青林楽だよー」という売り声が聞こえると、女や子どもが先を争って買いもとめ、蟬の入った籠を窓辺に吊るすのである。どの蟬がいちばん長く鳴くか、勝ち負けを競うものたちもいた。これを「仙虫社」という。

日本でも平安時代、虫の鳴き声や姿の優劣をくらべる「虫合《むしあわせ》」というみやびな遊びがあったが、中国の仙虫社はもっぱら鳴き声の長短を競う。「社」というのは、同好会のようなものだ。市中にはセミの鳴きくらべを楽しむグループがいくつもあったのだろう。

勝敗には金品を賭けるのがふつうだった。政治経済や文化が飛躍的に発展した唐代には、老若貴賤がウマ、イヌ、ニワトリ、コオロギなどありとあらゆる動物を闘わせて賭けを楽しんだ。夏になればかんたんに手に入れられるセミは、もっともお手軽な動物賭博のひとつだったのではなかろうか。宮女も市井の女たちも賭けていたにちがいない。

セミ売り

『清異録』の記事は短いながら、ほかにも興味ぶかい情報を伝えてくれている。

ひとつは、セミに「青林楽」だの「仙虫」だのという風雅な名がつけられていたことだ。「青林楽」は、あえて訳せば「青林の調べ」か。林間でやかましく鳴きたてるセミの声を音楽にたとえたところに中国人独特の感性が感じられる。「仙虫」は、セミが仙人のように風を吸い露をのんで生きていると信じられたところからついたのだろう。あからさまにセミ賭博と称するのをはばかったのか、あるいは仙人的境地からもっとも遠い遊びに対する諧謔か、名実の落差がおもしろい。

もうひとつの情報は、人びとの需要にこたえるため、唐代にはセミ売りが出現していたことである。『荘子』や『荀子』に登場するセミ捕りがおそらく食材や薬種を集めるためだったのにたいし、『清異録』のそれは市井の遊びに供することが目的だった。長安の都の辻つじを、彼らがどんな節まわしで流して歩いていたのか想像するだに楽しい。この商売は清代までつづいていたらしく、十八世紀末揚州（江蘇省中西部の大都市）の社会風俗を記録した李斗『揚州画舫録《ようしゅうがぼうろく》』にもよく似た記事がのっている。

（瘦西湖の）堤のうえには蟬がたくさんおり、初秋から騒々しく鳴きだして話し声が聞こえないほどだ。これを長いもち竿でとっては竹籠に入れる。堤沿いで売り、子どもたちの遊びに供するのである。これを「青林楽」といった。

セミの飼育

セミ売りから買った籠のなかのセミは、お祭りのヒヨコ同様、何日も生きなかっただろうが、軒下に吊るして楽しむことは、千年以上つづいた風流韻事だった。そうした歴史があるせいか、現代でもセミの飼育にはさほど違和感がないようである。中国で出版されている昆虫飼育の指南書には、たいていセミの項目ものっている。

たとえば龐秉璋《ほうへいしょう》『家養昆虫』は、ていねいなことに種類別に飼い方を紹介している。要約すると、ツクツクボウシ属のコマゼミは金網か竹の籠に入れ、葉のついた新鮮なヤナギの枝を差しこんでやる。あるいはクワやエンジュ、ヤナギの若枝を葉ごと突きくだき、その汁を与える。そうすると三日から五日くらい生きるとある。ニイニイゼミは、糸につないだものも籠に入れたものも夜間は戸外に出してやり、樹液やあまり濃くない砂糖水、コーリャンの茎の汁などを吸わせる。二日から五日くらいは生きているそうだ。

クマゼミの飼い方もだいたい同じだが、珍しいところでは、新鮮なハスの葉にいくつも穴をあけ、それでセミをゆったりくるむという方法がある。涼しい木陰に置き、毎日、ハスの葉を換えてやると二、三日は生きているという。中国人の認識では、ハスもセミも泥や土のなかに生まれながら汚濁にまみれない清らかな存在という共通点があるが、この方法だとクマゼミの姿は見えないし、ほとんど鳴かないというのだから、なんのためにこんな飼い方があるのか不思議である。

セミの名前

ここまで当たり前のように「セミ」「蟬」と書いてきた。現代の日中辞典でセミをひいても、たいてい最初に「蟬」chan、ついで口語の「知了」zhiliaoがでてくるが、じつは古代のある時期まで、「蟬」は一般的な呼称ではなかった。中国最古の詩集『詩経』にも、「蟬」という字はまったくでてこない。では何とよばれていたのかというと、これがまことにややこしいのである。

ためしに古典をひっくりかえしてみると、『詩経』の「螓」「蜩」「螗」、『礼記』の「蝘」「蝭蟧」、『荘子』の「蟪蛄」をはじめ、「螂蜩」「蜻蜻」「麦蚻」「茅蜩」「桑蠽蟟」「寒螿」「虭蟧」「蜺」「胡蟬」……と漢字を見ただけではセミとわからないものも多く、「蜻蜻」など、どんな種類のトンボかと思ってしまう。

中国のセミの古名がこんなに煩雑なのは、ひとつには地方によって呼称がことなっていたからだ。前漢の学者・揚雄（前五三〜後一八年）の『方言』によれば、セミは長江中流域の楚国では「蜩《ちょう》」、宋・衛では「螗《とう》蜩」、陳・鄭では「螂《ろう》蜩」、秦・晋では「蟬」、海岱《かいたい》（渤海から泰山のあいだ）では「蛣《き》」と呼ばれていたという。これは、これらの国にまたがる地域にセミが生息しており、そ

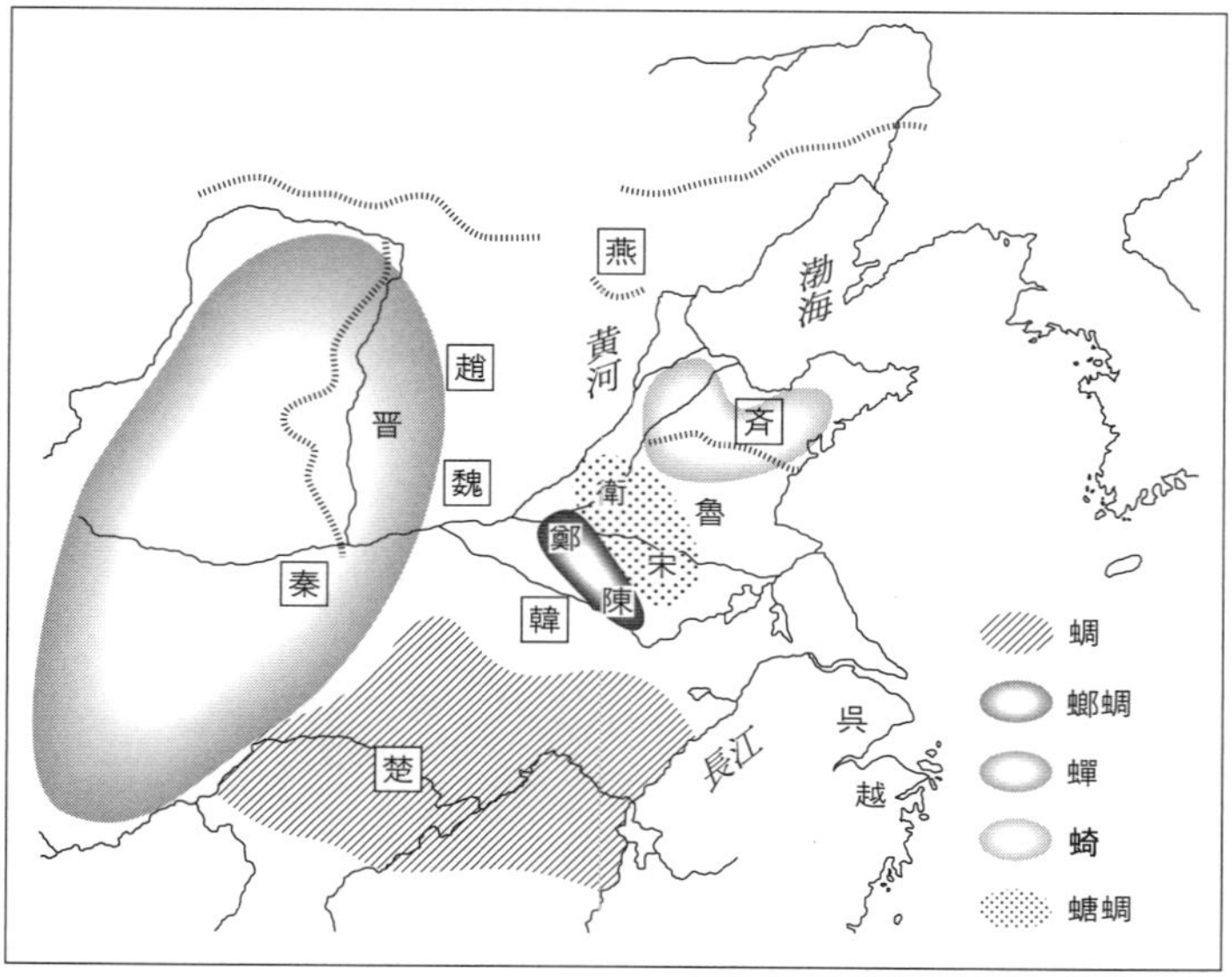

セミの方言分布イメージ（□は戦国の七雄）

こに暮らす当時の人びとが、それぞれの呼称でこの虫に親しんでいたことを物語ってもいる。と同時に、日本のわたしたちが当たり前に使っている「蟬」という呼称が、もとは一地方の方言に過ぎなかったこともわかる。

その後、「蟬」が全国的に使われるようになった理由として、ゲインズ・カンチー・リュウ『中国のセミ考』（*Cicadas in Chinese Culture*、一九五〇）は、「山西省と陝西省でおこった秦朝の政治的・軍事的成功」をあげている。つまり、のちに始皇帝によって天下統一をなしとげる秦が、戦国の七雄といわれた韓や趙や魏などの強国をくだしていく過程で、「蟬」はしだいに共通語になっていったというのである。ほかの国が天下をとっていれば、この虫はまたべつの名で呼ばれていたのかもしれない。

多様な方言にくわえて形態のちがいによってセミを呼びわけていたことも、名前をさらに複雑にした。『方言』は国ごとの呼称を明らかにしたうえでつづける。「(セミの)大きいものは蟧《りょう》あるいは蝒馬《めんば》といい、小さいものを麦蚻《さつ》という。文様のあるものは蜻蜻《せいせい》といい、その雌を尐《せつ》という。大きくて黒いものを蠽《せん》といい、黒くて赤いものを蜺《げい》という……」。

このように、中国人はセミを総称でひとくくりにしてすませるようなことはせず、種類による違いにもとてもこだわりをもっていた。なぜなら前述したように、彼らはこの虫を料理や薬にさかんに活用していたので、うまいかまずいか、有用かそうでないかを厳密に弁別する必要があったのである。

分類によってさらに複雑に

もっとも熱心に整理分類しようとしたのは、代々の本草学者たちだった。薬用になる昆虫はそれぞれ固有の特性をもっており、性質を正確に把握したうえでもちいなければ効果がないばかりか、症状を悪化させてしまうおそれもある。このためセミの種類を厳密にわけることは見過ごしにできない問題だったのだ。

しかし、作業はすんなりとは進まなかった。「蚱蟬」ひとつとっても、南朝梁の陶弘景いわく「蚱蟬は啞蟬《あせん》である。雌蟬だから鳴けない」、唐の蘇恭いわく「蚱蟬は鳴く蟬だ。…陶弘景が雌蟬といっているのは誤りだ」、北宋の蘇頌いわく「蘇恭の説が妥当である。『爾雅』が〝啞は馬蜩なり。蟬のなかでもっとも大きいものだ〟としているのがこの蚱蟬である」といった具合。ちなみにメスゼミは鳴かないと指摘したのは陶弘景が最初である。

明代になって、千年以上もすったもんだしていることに業を煮やした李時珍が、どうも諸説が混乱していて収拾がつかないから、いま、自分がはっきりさせようといって、『本草綱目』虫部で、おおむね、次のようにまとめた。

夏になるとはじめて鳴く、大きくて黒い蟬は蚱蟬である。蝒とも馬蜩ともいう。『詩経』の「豳風」七月に、「(陰暦)五月には蜩が鳴きだす」と詠われているのはこの蟬だ。

頭上に花冠がある蟬は、螗蜩、蝘《えん》、胡蟬などと呼ぶ。『詩経』の「大雅」蕩に「蜩の如く螗の如く(騒がしい)」と詠われているものだ。

五色をそなえているのは蜋蜩だ。『大戴礼記』の「夏小正」がこの蟬に言及している。これらはすべて薬用になる。

小さくて文様のある蟬は蓁《しん》とか麦蚻という。

小さくて青緑色をした蟬は茅蜩《ぼうちょう》、茅蠽《せつ》という。
秋に鳴く青紫色の蟬は蟪蛄、蛁蟟《ちょうりょう》、蜓蚞《ちょうぼく》、螇螰《けいろく》、蛥蚗《ぜつけつ》などという。
小さな青赤色のものは寒蟬、寒蜩、寒螿《しょう》、蜺という。
秋風も吹かない頃から黙して鳴けないものは唖蟬あるいは瘖蟬《いんせん》という。
二、三月に鳴く寒螿より小さいものは𧓍母《でいぼ》という。
これらはどれも薬用としない。

もともと鳴かないメスゼミを「唖蟬」という種類としてあつかう誤謬もみられるが、セミはここにはじめて大きさや色、鳴きだす季節によって分類されたのだった。しかしこれらの古語が、現代ではどの種類に該当するのかという問題で、ふたたび混乱している。その混乱は日本にもおよび、『本草綱目』をもとに『本草綱目啓蒙』をあらわした江戸後期の本草学者・小野蘭山は、蚱蟬にはアカゼミ（アブラゼミ）、馬蜩にはムマゼミ（クマゼミ）、茅蜩にはヒグラシ、蟪蛄にはナツゼミ（ニイニイゼミ）、蛁蟟にはミンミンゼミ、寒蟬にはツクツクボウシを当てた。一方、前出の『中国のセミ考』は、蚱蟬をクマゼミ、螗蜩をミンミンゼミ、蝒蜩をアブラゼミ、茅蜩をクサゼミ、蟪蛄をルリクサゼミと推定している。現代の日中辞典や中日辞典をみても、和名と中国名の対照が辞書によりまちまちで、古代のセミの名は、いまもって調べれば調べるほど収拾がつかない状況だ。

ちなみに昆虫好きで知られる中国の古典文学研究者・孟昭連の『中國鳴蟲』には三種類のセミが古名とともにカラー写真入りでのっている。それにもとづくなら、(黒)蚱蟬がクマゼミ、蟪蛄がニイニイゼミ、寒蟬がツクツクボウシとなる。

佳人の生まれかわり

方言でも種名でもないが、中国のセミには、よく知られた異称がもうひとつある。「斉女」だ。その昔、斉王の后が王に恨みを抱いて亡くなった。亡骸はセミに化し、宮廷の庭の樹で切々と訴えるように鳴きつづけた。これを聴いた王は深く悔やみ、そこからセミを「斉女」と呼ぶようになったと晋・崔豹『古今注』にはある。

林間でけたたましくすだくセミの声を、士大夫たちが高士の声になぞらえていたことはすでにのべたとおりだが、この古い伝説は非業の死をとげた后の哀訴と聴きなしている。うんざりするような騒々しさやばかばかしい議論をあらわす「蛙鳴蟬噪《あめいせんそう》」という成語もあるにはあるが、古代の中国人はセミの声をおおむね好もしいもの、同情をよせるべきものと肯定的にとらえており、斉女の伝説はのちに唐詩や宋詞にも詠みこまれている。メスゼミは鳴かない、ということが認識されていなかった時代の話である。

「斉女」の由来には、もうひとつ説がある。紀元前八世紀、斉国の公主で、衛国の君主に嫁いだ荘姜という女性がいた。春秋時代随一の佳人とされ、『詩経』衛風は、「碩人」という詩で彼女をたたえている。詩は荘姜の血筋の正しさや気品、すらりとした体つきなどを紹介したうえで、その美貌を次のように形容する。

領《くび》は蝤蠐《しゅうせい》の如く
歯は瓠犀《こさい》の如し
螓首蛾眉《しんしゅがび》

たったこれだけの詩句のなかに、三種類の昆虫名があがっている。ひとつめは「蝤蠐」で、乳白色のイモムシ状をしたカミキリムシの幼虫だ。ふたつめは「螓」で、『本草綱目』の説明にしたがえば美しい模様のある小型のセミである。みっつめは「蛾」、カイコガだ。ようするに荘姜の面立ちは、うなじはカミキリムシの幼虫のように白くなめらかで、歯はヒサゴの種のように小さく粒がそろっており、セミの頭のようにひいでたおでこにカイコガの触角のような弓なりの眉がのっているというのである。

李時珍は『本草綱目』で、セミを斉女という隠語で呼ぶようになったのは、斉公の娘の美しさを「螓首蛾眉」と形容した『詩経』に発したものであって、斉王の后が死後、セミに変じたという

『古今注』の説はなんら根拠がない、と意見をのべている。

斉女の起源はともあれ、「富士額に三日月眉」といった花鳥風月的な表現になじんでいる日本人としては、女性の顔のパーツをイモムシやセミやガにたとえることに違和感をおぼえないでもない。しかしすでに「螓首蛾眉」は、中国では美人を形容する立派な成語になっている。

ほかにも、彼らはしばしばセミに佳人のイメージをかさねてきた。たとえば「蟬鬢《せんびん》」という言葉がある。鬢の部分のまげをセミの翅のごとく薄く結った女性の髪型だが、これも転じて美人の比喩となっている。こうしたことからみても、セミは古来、中国人の目に愛すべき美しい昆虫と映じていたことがうかがえる。

(1)唐・李延寿『南史』列伝第五十二・朱異
(2)漢・司馬遷『史記』列伝第二十四・屈原賈生列伝

蝶

〈チョウ〉

畑の野菜がチョウになる

チョウは伝説にいろどられた昆虫である。各時代、各地方に不可思議な話がさまざま伝わっている。その多くが変身譚だ。チョウの形態や色彩の多様さ、飛翔する優美な姿はおおいに古代中国人の想像をかきたてただろうし、生活史が明らかでなかった時代であれば、卵・幼虫・さなぎ・成虫という四段階の変態には幻惑させられたにちがいない。

もっとも素朴な変身譚には次のようなものがある。

いつぞや畑の野菜の葉が蝶になるのを見たことがある。三分の二はもう蝶になっていたが、のこりはまだ葉っぱのままだった。

（北宋・陸佃『埤雅《ひが》』）

南宋の淳熙十五（一一八八）年、張家の麦が蝶に化した。

貧しい張家では麦飯をたいていたが、これが久しく続いたので、つい天に向かってうらみごとがでた。それをきいた隣家の人が、「麦だって穀物ではありませんか。空腹を満たしてくれている麦に不平をいうのは料簡ちがいですよ」とたしなめた。あくる朝、張家の主婦がまた飯をたくために麦をとりだそうとしたところ、ことごとく蝶になり飛んでいってしまった。彼女は胸を痛め、数日のうちに亡くなった。

（清・厳辰『桐郷県志』）

『埤雅』の「野菜の葉が蝶になる」話はよく理解できる。畑におびただしい数のチョウが舞っており、その下の作物は虫に食われて穴だらけ。葉脈だけをのこして葉がすっかりなくなってしまった株もすくなくない。農薬がない時代には、あれよあれよという間に畑の作物が消えてしまうこともあったはずだ。現代のわたしたちは『埤雅』の記述から、畑の野菜の三分の二がアオムシの餌になってしまったことがわかるが、チョウが生みつけた卵から孵った幼虫のしわざだということを知らなければ、野菜がいきなりチョウに化けて畑のうえを飛んでいるとしか思えないだろう。

野菜の葉におとらず広く信じられていたのが、ムギがチョウになる話だ。ムギから化したチョウの正体は、おそらく小さなバクガだ。李時珍が「蝶は蛾のなかまであり、大きいものを蝶、小さいものを蛾という……どちらも翅は四枚で粉がある」(『本草綱目』)と説明しているように、昔の中国人はチョウとガを厳密に区別しておらず、絹布をもたらしてくれるカイコの成虫カイコガ以外のガを「蝶」「胡蝶」などと呼んでいる例がすくなからずある。

さて、バクガの幼虫は貯蔵穀物を食い荒らし、麦粒などのなかで蛹化する。ほどよい温度と湿度を得て、ある日、貯蔵庫からいっせいに羽化するのである。『桐郷県志』の張家の奥さんは、ムギをしまっておいた櫃《ひつ》のなかで羽化したチョウ(ガ)を見て、麦粒に翅が生えたと思ってしまったのだろう。『桐郷県志』はそうした自然現象に、感謝して食べものをいただかないと罰が当たりますよ、という教訓をからめたお話になっている。

このほかにかんきつ類もチョウになると信じられていたが、理屈は野菜やムギと同じである。いずれも、チョウの食性や変態の過程を知らないところからでてきた変身譚といえそうだ。

万物はめぐる

次は観察の不備や早とちりから生まれたとおぼしき変身譚である。

秀才の顧非熊《こひゆう》は若いころ、糞壌にまみれ、ボロボロになった緑色のスカートの切れ端が蝶に化すのを目撃したことがある。

また工部員外郎の張周封がいうには、百合の花びらのすき間を泥でつなぎ合わせておいたところ、一夜にして大きな胡蝶に変じたそうな。

（唐・段成式『酉陽雑俎《ゆうようざっそ》』）

顧非熊も張周封も、ともに『酉陽雑俎』の作者・段成式（八〇三？～八六三年）の友人で、実在した人物である。顧非熊は科挙の最終試験に合格した進士であり、詩人としても名をのこしている。彼の目撃談は、ぼんやり風景を眺めていたところ、ふいにチョウが飛びたったため、チョウが翅を休めていた場所にあった泥まみれの布切れが変化したと錯覚したのだろう。

顧非熊は自身の出生についても、前世では十七歳で死去したが、からだを離れた霊魂が老父の深い悲しみを見て未練をたちきれず、ふたたび母の胎内に入って、今度はおなじ顧家の末息子に転生したのだと段成式に語っている。彼はふだんから、生命はこのように生まれかわったり、ほかの生きものに変化したりすると考えていた人のようだ。

張周封のほうは、官営工事をつかさどる中央行政官庁で、長官を補佐する役職にあった。彼の語った変身譚は、そもそもなんのためにユリの花びらを泥でつなぎ合わせておいたのか、不可解なところがある。しかしあえて推理すれば、羽化直後のまだ翅が伸びきらない状態にあるチョウやガは、ほんの一瞬、ほころびかけた花のつぼみのような風情を見せることがある。大型で水浅葱色をしたオオミズアオなどは、まさに清楚なユリのつぼみのようだ。ユリのつぼみだと思っていたら、しわくちゃだった翅が刻々と伸びて立派なチョウやガになった。泥で花弁を閉じたユリがチョウに変じた話は、そうした驚きの経験から生まれたものだったかもしれない。

オオミズアオの羽化

公路は南にむかっていた。両岸に蔓が生い茂る峡谷を過ぎたところで舟をとめ、水を飲んだ。崖のうえを見やると、色あざやかな木が一本、生えている。赤や青の葉をつける丹青樹というものだろうと思い、童僕に命じて枝を折ってこさせると、たおやかな二十頭あまりの蝶が翅を休めていた。青緑と紺の模様が入ったもの、金色やうす紫色の目玉模様をつけたもの、紫まだらに黒い模様がさしたもの、金銀のまじりあったもの、翅脈が緋色をしたもの、大きいこと蝙蝠のようなもの、小さいこと楡の実のようなものなど、さまざまであった。

そこで岸にあがってまじまじと木を見たところ、なんと木の葉が蝶に化していた。

（唐・段公路『北戸録』）

『北戸録』の筆者・段公路が見たのは、チョウの集団越冬や集団羽化の光景だったか、あるいはコノハチョウにだまされていた可能性がある。いずれにしても木の葉がチョウに化けたのではなく、木の葉だと思っていたものは、もともとチョウだったのだろう。

右の三人の目撃者は、いずれもかなりのインテリである。にしてはずいぶん粗忽なようだが、当時の常識にてらして考えれば、そうとばかりもいいきれない。『易経』に「天地が感応して万物は化生する」（彖伝《たんでん》）とか「精気は物を為《な》す」（繫辞伝《けいじでん》）とあるように、あらゆるものが気によって変化したり生じたりするというのが古代中国の生命観であり、宇宙観だった。

『荘子』にいたっては「烏足《うそく》の根は蠐螬《せいそう》となり、その葉は胡蝶となる。胡蝶はややあって虫に変化し、それが竈のしたに生まれると皮を脱したかのようなありさまをしており、名を鴝掇《くたつ》という。

鴝鵒は千日たつと鳥となり、その名を幹余骨《かんよこつ》という。乾余骨の唾が斯弥《しみ》になり……青寧は程《てい》を生み、程は馬を生み、馬は人を生む。人はまたもどって機（種の極微）に入る。万物はすべて機よりいで、機に入るのである」（「至楽」篇）と驚くべき変化の連鎖を説いている。

このような生命観のもとでは、スカートの切れ端や木の葉がチョウに化したとて、なんら怪しくはなかったのである。むしろ五経を精読していたインテリほど、異種から異種への変化に違和感をもたなかったのかもしれない。

唐代の観察者

とはいえ、荒唐無稽な変身譚がまことしやかに語られていた時代にも、チョウが変態する昆虫であると理解している人はいた。

晩唐の詩人・陸亀蒙《りくきもう》（?〜八八一年）は、机上の空論ではなく、自分の目でチョウの変態をたしかめ、羽化のようすを次のように描写している。

橘《ミカン》の木にいる蠹《と》は小指ほどの大きさで頭に角があり、体は丸くちぢこまっている。形は蝤《しゅう》蠐《せい》（カミキリムシなどの幼虫）に似ており、色は青い。葉裏に隠れ仰向いて食すが、その速いこと飢えた蚕のようである。人が触れると角をたてて怒り、険悪な形相になる。

ある日、この虫を見てみると、食いもせず動きもせずに凝り固まっている。あくる日ふたたびいってみると、蛻けて蝴蝶になっていた。しかしほとんど動かず、翎《はね》はまだ伸びきっていない。襜《せん》（腰のこと。着物の前垂れにたとえている）は黒く、䗅《ひ》（翅のこと。袖覆いにたとえている）は青緑色。身は鮮やかな紅に黄がさし、腹はぽってりとし、緌《ずい》（触角のこと。冠を結んだときの垂れ紐にたとえている）は細くて長い。そして酔いから醒めたばかりのように、枝にもたれたまま飛びたてずにいる。

さらに翌日、蝶は風露を頼って枝づたいによじ登り、天空に軽やかにはばたいたと思うや、ふいに飛翔し去った。

（『甫里集・蠹化』）

変態の過程をじつに生きいきと描写している。これは実際に見た人ならではの筆致だ。陸亀蒙は、「緑色のスカートの切れ端が蝶に化すのを目撃した」進士の顧非熊とほぼ同時代の人だが、陸のほうは何度受験しても進士に及第できず、故郷の甫里（いまの江蘇省呉県甪直《ろくちょく》鎮）に隠棲して晴耕雨読の生涯を送った。水はけの悪い地勢や飢饉に苦しみながら農耕にはげみ、農具を発明したり耕作技術について研究したりした農学者でもあった。だから作物につく害虫を日常的に見ていたし、昆虫の生態も農夫と科学者の目でじっくり観察していた。

このようにチョウやガがどのようにして生まれるか、唐代でも理解している人はいたが、ただ、知識として広く共有されていなかったのだ。

チョウとともに昇天した仙人

唐代の『酉陽雑俎』には、スカートの切れ端がチョウになった目撃談が紹介されているが、翅の美しさからの連想だろうか、着物がチョウになる話は古くからある。広東省広州市の東に位置する道教の名山・羅浮山《らふさん》には、仙人の着物がチョウになった話が伝わっている。

羅浮山の雲峰岩ふもとに蝴蝶洞がある。古木が生い茂り、洞からは季節を問わず一年中、美しい蝶が舞いでてくる。言い伝えでは、葛仙が遺した着物が化したものだという。

（清・宋広業『羅浮山志』）

葛仙とは東晋（三一七〜四二〇年）初期の道教学者・葛洪《かっこう》のことである。字は稚川、抱朴子《ほうぼくし》と号し、『抱朴子』『神仙伝』『肘後《ちゅうご》備急法《びきゅうほう》』などを著した。父の死により実家が没落したため少年時代から苦学し、十五歳のころに神仙思想にのめりこんだ。長じて役人になってからも仙道の修行にはげみ、道士にして南海太守であった鮑靚《ほうせい》に師事してその娘を妻にしている。あるとき、不老長生の丹薬に必要な辰砂《しんしゃ》を採りに交趾《こうち》（いまのベトナム北部）に向かおうとしたが、葛洪に傾倒する広州刺史の鄧嶽《とうがく》にひき止められたため、やむなく羅浮山に隠居して煉丹や薬草研究に没頭した。その結果、葛洪はこの山で薬物学者、あるいは化学者、医学者として事績を刻むこととなり、羅浮山の実質的な開祖となっている。

享年は建元元（三四三）年没の六十一歳とも興寧元（三六三）年没の八十一歳ともされるが、ともあれ言い伝えでは、ある日、鄧嶽のもとに葛洪から「近々、師を求めて遠い旅にでるので、出立前に一度、お目にかかりたい」との文がとどく。鄧嶽が駆けつけると、葛洪はすでに沐浴をすませ、衣冠をただして香をまとい、朱明洞のかたわらに座していた。そして正午になるや、眠るようにこと切れてしまった。しかし顔には血の気があり、棺におさめるため体をもちあげたところ、まるで彼が着ていた道服のように軽くしなやかだった。

しばらくして葛洪の死を聞きつけた村びとたちが別れに集まってきた。葛洪は病人がでたと聞けば治してやっていたので、誰からもしたわれていたのである。しかし棺をのぞくと、なかにはすでに彼の遺骸はなく、着物しかのこっていなかった。このとき、群集の眼前で思いがけないことが起こった。葛洪の道服がこなごなにくだけ、ことごとくチョウに変じて舞いあがったのである。天が曇るほどのおびただしい数だった。やがてチョウは雲峰岩ふもとの谷間に集まり、のちにその場所が蝴蝶洞と呼ばれるようになったという。

葛洪は尸解仙《しかいせん》になったとされている。三ページで紹介した谷春《こくしゅん》は着物をのこして肉体だけが消え去ったが、葛洪の場合、着物もまたチョウに化してしまった。これはいかにも羅浮山らしい尸解伝説といえる。北回帰線上に位置する羅浮山は一年を通して温暖湿潤で、南亜熱帯モンスーン気候特有の動植物の宝庫でもある。とりわけ春から夏にかけて種々のアゲハチョウが舞い飛ぶさまは「大胡蝶会」とよばれ、つとに有名であった。この奇観をつねづね目にしていた羅浮山近隣の村びとであれば、葛洪の羽化登仙は、飛翔するチョウの姿とごく自然にかさなったことだろう。

たましいがチョウになる

着物がチョウになるもっとも古い話は、おそらく韓憑《かんひょう》夫婦の伝説だ。

宋の大夫・韓憑は妻をめとったが、たいそうな美貌だったために康王《こうおう》に横取りされてしまった。韓憑が恨みのあまり自害すると、妻はひそかにみずからの着物を腐らせておき、王にともなわれ高殿にのぼったおり、すきをみて身を投げた。御つきの者がとっさに引きとめようとしたが、手をふれるや着物は千々にくだけ、胡蝶になって飛び去ってしまった。

これは宋代の地理書・楽史『太平寰宇記《たいへいかんうき》』(九八三年成立)に、東晋・干宝の志怪小説集『捜神記《そうじんき》』からの引用として収録されている話である。四世紀前半に成立した『捜神記』の原書は失われており、後世に再編集された『捜神記』では、韓憑夫婦は死後、オシドリになったとされているが、古くはチョウへの変身バージョンもあったようだ。

ところで右の話は、チョウになったのは韓憑の妻の着物だけでなく、たましいもチョウになって夫のもとへ飛んでいったと読むのが自然だろう。死者の霊魂はチョウに化して愛する者のところへかえってくると信じられていた。

楊昊《ようこう》は字を明之《めいし》という。美しく年若い江《こう》氏を娶り、毎年、子宝に恵まれたが、他郷で客死してしまった。その翌日のことである。大きさがたなごころほどもある胡蝶がふいに江氏のもとへやってきて、終日まつわりつき、日暮れてようやくどこかへ去っていった。

やがて明之の訃報がとどいた。一族が涙にくれていると、またくだんの蝶があらわれた。やはり立つにつけ座るにつけ江氏のそばを離れず、ひらひらとつきまとう。おそらく若妻や幼子たちへの思いを断ち切れない明之のたましいが、蝶に化してもどってきたのだろう。

（略）

楊大芳《ようたいほう》は謝《しゃ》氏を娶った。その謝氏が亡くなって納棺するまえのことである。扇のように大きな紫がかった褐色の蝶がどこからともなくあらわれ、まる一日、寝台の帳《とばり》のなかをひらひらしたり、窓辺を行きつ戻りつしたりしていたが、日暮れてようやく去っていった。そこではじめて、客死した楊明之のたましいが蝶に化したという話は偽りでなかったのだと得心がいった。

（宋・周密『癸辛雑識《きしんざっしき》』）

ここに取りあげた二話のうち、前者は夫の、後者は妻のたましいがチョウになり、現世にのこされた配偶者をたずねている。いずれのチョウも飛び方がいかにも未練を感じさせる。畑の野菜や木の葉、スカートの切れ端がチョウになる話が観察の不備によって生じた勘違いだとすれば、たましいがチョウになる話は純粋に想像力の産物である。あなたこなたと不規則にひらひら舞い飛ぶチョウは、さまよう鬼火や亡霊のイメージとかさなったのかもしれない。

チョウの道行き

夫婦や恋人のたましいが死後、そろってチョウになり、冥土へ向かう話もある。おそらくもっとも広く、長く語りつがれているのは、中国四大民間伝説のひとつにかぞえられている「梁山伯《りょうさんぱく》と祝英台《しゅくえいだい》」だ。おおよそ次のような筋である。

会稽《かいけい》（いまの浙江省紹興市）の青年・梁山伯は遊学に向かう旅の途上、同じ私塾をめざす祝英台と道連れになった。ふたりはたちまち意気投合し、入塾後はさらに友情を深め、義兄弟のちぎりを結んだ。しかし、じつは英台は、上虞《じょうぐ》（いまの浙江省紹興市）で名の聞こえた富家の娘であった。向学心に燃える彼女は、心配する両親を説きふせ、姿を男にやつして塾生となっていたのである。英台の梁山伯への友情はしだいに恋心へと変わり、それとなく気づかせようとするのだが、純朴な梁山伯は彼女が男だと信じてうたがわなかった。そんな生活が三年ほどすぎたある日、とうとう英台のもとに家から帰郷をうながす手紙がとどく。彼女は一計を案じ、別れを惜しむ梁山伯に告げる。

「実家にはぼくそっくりの妹がいる。帰郷したらぜひ、わが家をたずね、彼女を妻にしてくれないか」

学問を終え、約束どおり祝家をたずねた梁山伯はそこではじめて、英台が同家の令嬢だったと知った。しかし喜びもつかの間、英台は馬家の御曹司との縁組が決まったばかりであることを聞かされる。貧しい梁山伯は身をひくよりなく、英台とは来世に夫婦となる約束をかわして別れたのだった。彼はほどなく県令の職を得たが、傷心が癒えることなく亡くなった。

英台の輿入れの日、花嫁行列があるところにさしかかったとき、とつぜん嵐がおこり進めなくなってしまった。そこがちょうど梁山伯の墓所のまえだと聞かされ、英台が慟哭すると、地面が割れ、墓がぱっくりと口を開けた。裂け目に彼女が身をおどらせるや風雨はうそのようにおさまり、空に虹がかかった。やがて墓のしたから雄蝶・雌蝶がひらひらと舞いでて行列のうえを通りすぎ、いずこかへいってしまった。現世で結ばれなかった恋人たちのたましいの、あの世への道行きだと人びとはうわさした。

家によって引き裂かれた恋人たちの物語は中国版「ロミオとジュリエット」といわれているが、十六世紀に書かれた同作品よりはるかに古く、原型ができあがったのは東晋の時代、四世紀ころと考えられている。以来、千六百年あまりの長きにわたり民間で語りつがれ、歌謡や戯曲にもなった。その間、各地でさまざまなバリエーションが生まれており、いまやふたりが学んだとされる学校は全国に五か所から六か所、合葬された墓所にいたっては九か所から十か所にのぼっている。伝説の発祥地についても、歴史家が文献や出土遺物などを根拠にいくつかの比定地をあげているほか、地域振興をもくろむ地方政府や観光業者までもがからみ、全国規模で熱い論争がくり広げられている。

そんな比定地のひとつに浙江省寧波《ねいは》市がある。市中心部の鄞《ぎん》県(二〇〇二年に鄞州区に改編)には全国で唯一、梁山伯を祀る廟があり、昔から、お参りすると共白髪までそいとげることができるとか、障害のある恋を成就させることができると言い伝えられ、春と秋の縁日には多くの夫婦連れや恋人連れが願掛けにおとずれてきた。近年では「愛」をうたったテーマパーク「梁祝文化公園」を展開している。

『寧波府志』や『鄞県通志』といった府県誌、二十世紀末に発掘された明・万暦年間建立の石碑の記録などを総合すると、梁山伯は実在した人物で、鄞県の県令をつとめていた。水利事業や害虫駆除、防疫など、住民の生活向上に尽力したため、人びとは任期なかばで病没した廉潔な県令をしのび、廟を建立したのだという。安帝（東晋の第十代皇帝。三九六〜四一八年在位）のときのことである。

この廟について、徐樹丕《じょじゅひ》という明末の秀才が『識小録』に興味深い記事を書きのこしている。梁山伯廟のまえにはふたもとのミカンの木が抱き合うように生えており、木のまわりでは、よく模様のあるチョウが舞っていた。「橘蠹《きっと》（ミカン科の木につく幼虫）が化したものだったが、女や子どもたちはそのチョウを梁（山伯）と呼んでいた」というのだ。地元の人びとが、チョウをごく自然に梁山伯の化身ととらえていたことがわかる。

現代の昆虫学者は、人びとが梁山伯と呼んだチョウは、この地でもっともふつうにみられるナミアゲハかシロオビアゲハだったろうと推測している。このうち梁祝伝説の愛好者から支持を得ているのがシロオビアゲハ説だ。このチョウのオスは黒い翅に白い紋が帯のように横一文字に通った典雅な姿をしており、まるで官吏が玉帯を身につけているように見えることから、中国では「玉帯鳳蝶」と呼ばれている。この玉帯が鄞県の県令だった梁山伯をほうふつさせるというのだ。またシロオビアゲハのメスのなかには、オスによく似たタイプのほかに、毒をもつベニモンアゲハに擬態したタイプがある。この擬態型のメスの後翅には紅色の斑紋があり、これまた赤いスカートをはいた祝英台を連想させる（口絵参照）。

白い玉帯をつけた梁山伯と紅いスカートをはいた祝英台。廟のまえを連れ舞う雌雄のシロオビアゲハを見て、人びとがふたりを想起するのもうなずける。寧波市鄞県が本当に梁祝伝説発祥の地であるかどうかはさておき、チョウが死者の化身やたましいだとする空想の産物のような伝説の背景にも、現実世界での人とチョウのかかわりがあったのかもしれない。

死を告げる虫

セミが、恨みをのんで死んだ斉王の后の化身と信じられたり、セミをかたどった玉を死者の口中に含ませたりするなど、死に縁のある昆虫であることはすでに書いたとおりだ。しかし「斉女伝説」のセミは生前の恨みを訴えて鳴くのであり、玉蟬は死者の再生を願ってさし入れる。つまり思いがこの世に向いているという点で、さほど不吉なイメージはもたれていない。ひきかえチョウになったたましいは二度と肉体にもどらないし、死の直後、なつかしい人のもとを訪れることはあっても、やがては永遠にこの世と訣別し、あの世へ飛び去ってしまう。そうした違いゆえだろうか。チョウには、ときにぞっとするほどもの寂しく、不気味な話がある。

諫議大夫《かんぎたいふ》の李鐸《りたく》が鳳翔の知事をしていたとき、在任中に亡くなってしまった。すると、おびただしい数の蝶が棺の安置所から役所までの空をおおいつくし、道は足の踏み場もないほどになった。役所に弔問におとずれた人びとは、そろそろと前の人について歩くが、たがいの顔も見わけられない。払っても払っても視界は開けず、道は踏みしだかれた蝶でぬかるんだ。大きいものは扇ほどもあった。月が変わり、蝶の群れはようやく姿を消した。

（『癸辛雑識』）

晋の義熙《ぎき》年間（四〇五〜四一八年）のこと。烏傷（いまの浙江省義烏）に葛輝夫《かつきふ》という男がいた。ある日、彼が妻の実家に泊まっていると、真夜中にふたりの人物があかりをさげて戸口の石段をのぼってきた。「すわ曲者」とばかり、おどりでて打ちかかったが、棍棒をふりおろすや、ふたりは無数の蝶に変身し、ひらひらと乱れ舞った。そのうちの一頭が輝夫のわきの下にぶつかると、彼はばったり倒れ、ほどなく息絶えてしまった。

（晋・陶淵明『捜神後記』）

雅宜は壬辰に病を得、癸巳に亡くなったが、いまわの際、胡蝶が袖に入ってくる夢を見てつぶやいた「もはやこれまで」。

（明・陳継儒『太平清話』）

最後の二話にでてくるチョウは死者の化身ですらなく、もはや死をもたらす冥界からの使者、完全にあの世の虫になっている。

チョウをあやつる道士

北宋の都・開封《かいほう》には、布をチョウやハチに変えて飛ばす男がいた。

慶暦年間（一〇四一〜一〇四八年）のことである。九哥《くか》という者が物乞いをしながら市中をさすらっていた。そこで燕王は彼を屋敷に招き入れ、酒食をふるまってやった。そのお礼にと九哥が技を御覧にいれたところ、燕王はたいそう喜ばれた。それはこのような技であった。

まず九哥は、燕王に黄色の薄絹と金のはさみを所望した。それらを受けとると、すぐさま布を折りたたみ、こまかく切り刻みはじめる。絹布は切るそばから数えきれないほどの蜂や蝶になって乱舞し、あるものは王の着物の襟や袖にとまり、またあるものは女官の鬢に翅をやすめた。九哥が呼ぶと虫たちはそろって飛んできて、また一枚の薄絹に戻った。

ところが布のまんなかに一か所だけ蝶のかたちの穴があいている。女官のひとりが、たまたま一頭、捕まえてしまったのだった。王が「この部分の蝶は呼び戻せるか」とお尋ねになると、九哥は申し上げた「不可思議の証拠として、しばらくはこのままにしておきましょう」。

（明・張岱《ちょうたい》『夜航船』）

これは明代の百科全書ともいわれる『夜航船』のうち「九流の部・道教」（九流とは戦国時代以後の九つの学派。儒家・墨家・雑家・道家など）にカテゴライズされている話である。九哥は正式には張九哥といい、道教徒の伝記では北宋代の道士とも仙人ともされている。北宋の都・東京《とうけい》開封府の風景や生活を述懐した孟元老の随筆『東京《とうけい》夢《む》華《か》録《ろく》』にも張九哥がでてくるが、こちらでは元宵節に宮城の正門前で、綱渡りや竿のぼり、逆立ち食いなどを見せる男たちとともに、剣を呑みこむ荒技をおこなっていた大道芸人と紹介されている。

当時は、修行でみがいた曲芸や手品まがいの特異な術を縁日で見せたり、王府にまねかれて披露したりする道士が少なからずいた。彼もまたそのような道士のひとりだったのかもしれない。あるいは逆に、一介の大道芸人だった張九哥が、人間ばなれした技のために仙道を会得した者とみなされていた可能性もある。宋の都では庶民から王侯貴族にいたるまで、奇術や新奇な見世物がたいへんな人気だったが、こうしたものにまだ免疫がなく、種も仕掛けもわからなかった人びとの目には、摩訶不思議な技をもつ芸人は道士や仙人のようにうつったからである。

宋代の『翰苑名談《かんえんめいだん》』（作者不詳。宋『分門古今類事』所引）にも燕王の御前でハチやチョウを飛ばす張九哥の話がおさめられている。本書では、都の人びとが彼は道士だろうとうわさしているが、本当のところ何者なのか、やはりはっきりしていない。ストーリーは『夜航船』とほぼ同じだが結末がちがっていて、九哥の神秘性がより強調されている。

薄絹を切り抜いて無数のハチやチョウを派手に飛ばした九哥は「さて、王の帛《はく》（絹布）がなくなってはいけませんので」といって虫たちを呼びもどし、もとどおり一枚の布にした。燕王は九哥が「帛《はく》がなくなる」を「魄《はく》（たましい）がなくなる」にかけているといぶかったのか（魄 po には、帛 bo と同じ読みがある）、あるいは、これほどの術を得た道士なら人の運命を読むこともできると考えたのか、ふと尋ねる。「わしの寿命はどれくらいか」。九哥は「開宝寺の舎利塔と同じくらいでありましょう」と答えて屋敷をあとにした。それからしばらくして燕王はみまかり、舎利塔もまた焼失したとある。

燕王とは北宋の第二代皇帝太宗の第八子趙元儼《ちょうげんげん》の諡《おくりな》である。兄弟のなかで幼時からずば抜けて利発だった趙元儼は太宗に可愛がられ、帝位を継いだ兄・真宗、さらに甥・仁宗にも頼られて、要職を歴任しながら国政の安定と発展に貢献した。政治家としての手腕もさりながら詩文や書をよくし、徳望も高く、その名は蛮夷の地にまで聞こえて「八大王」「八賢王」などとよばれた。子どもがむずかると、おとなたちが「八大王さまがくるよ」と脅し文句にしたほど、庶民にも畏敬されていた。

一方、開宝寺の舎利塔というのは、都開封にあった霊感塔のことだ。太宗の命によって九八〇年代に建てられた八角十三層の木塔で、アショーカ王の舎利がおさめられていたと伝わる。現在、開封市のシンボルとして威容を誇り、観光名所にもなっている開宝寺塔（通称は鉄塔）は、霊感塔の焼失から五年後にこの塔を模して再建されたもので、やはり八角十三層、高さは五十五メートルあまりある。高層ビルもない時代の初代舎利塔は、都のどこからも遠望できるランドマークだったはずで、さぞかし人びとに愛され、親しまれていたことだろう。

ところが塔は慶暦四（一〇四四）年、竣工からわずか半世紀あまりで落雷によりあっけなく焼け落ちてしまったのだ。同じ年、人びとに崇敬されていた趙元儼も病で逝去している。慶暦四年は、仰ぎ見ていた大きな誇らしい存在がふたつながら消えてしまった暗い年として、長らく開封市民の記憶にのこったにちがいない。『輸苑名談』に登場する張九哥はこの二大事件を関連づけ、なおかつ運命を予知する人物になっている。そして彼が道術によって繰りだした昆虫は、あの世とつながりの深いチョウだった。

空飛ぶ刺身

これは道士ではないが、神技によって意図しない怪異をひきおこしてしまった男の話。サカナがチョウに変身している。

進士・段碩《だんせき》の古い知りあいで孝廉として推挙された南《なん》という、膾《なます》をつくるのがたいそううまい男がいた。包丁さばきはまるで拍子をとっているかのように軽快で、魚を縠《ちりめん》のように薄く、縷《いと》のように細く、吹けば飛ぶほど軽く切るのだった。あるとき、賓客に腕前を披露する機会があった。南が見事に膾をこしらえ棚に並べたところ、にわかに暴風雨がおこり、雷鳴がとどろくや、膾はことごとく蝶に化して飛んでいってしまった。南は恐れおののき、その場で包丁を折ると、もう二度とふたたび膾はつくらないと誓ったのだった。

（唐・段成式『酉陽雑俎』）

膾は春秋戦国時代からある古い料理である。はじめは獣肉や魚介を細切りにしたものを調味料や香味野菜とあえ、多くは生のまま食していたが、しだいに魚肉を薄くそいだいわゆる刺身も膾と称するようになった。

サカナの膾は唐代になって大いにもてはやされた。料理の流行とともに調理技術にも磨きがかかり、細切りはより細く、薄づくりはいよいよ薄くなっていく。材料はフナやコイ、タイ、スズキなどが上等とされた。上流人士や文人たちのあいだでは、膾を賞味するまえに、プロの料理人に眼前でサカナをさばかせ、その腕前を鑑賞することがちょっとしたブームになった。

杜甫に「観打魚歌（漁を観る歌）」という詩がある。綿州（いまの四川省綿陽県）におもむいたおり、猟師たちが網をうち、ピチピチ跳ねるコイ科の淡水魚魴魚《ホウギョ》を捕る光景を見てつくったものだが、詩人もまた肥えた活きのいいホウギョを味わうまえに膾づくりを見物し、「饔子《ようし》　左右に霜刀《そうとう》揮《ふる》えば　膾は飛んで金盤《きんばん》に白雪《はくせつ》高し」とうたっている。調理人が白く光る鋭利な包丁を左に右にふるうと、刺身はヒラリヒラリと飛んで、たちどころに金の大皿に白雪のごとくうず高く積もったというのである。いかにも観客を意識したパフォーマンスという感じだ。

プロの包丁さばきに刺激を受けたのか、上流人士や文人たちは、ついにはみずから包丁をにぎり、膾づくりの修練をつむことに熱中しだした。もちろんそこには、人知れずみがきあげた技をいつか友人知人にひけらかし、あっといわせたいという下心がある。『酉陽雑俎』に登場する南という男も、科挙の孝廉に推挙されていたというのだからプロの調理人ではなく、そうした文人のひとりであったと思われる。

『斫膾書《しゃくかいしょ》』なる膾づくりの専門書が出現したのも唐代のことである。原本は現存せず、著者も書かれた年代もはっきりしていないが、さまざまな形の膾が考案されていたらしく、「小晃白」「大晃白」「舞梨花」「柳葉縷」「千丈銭」といった切り方が伝わっている。そのひとつに、ひらひら舞い飛ぶチョウに見立てた「対翻蛺蝶」というものがある。この切り方に想を得て『酉陽雑俎』の南孝廉の話が生まれたのかどうかはさだかでないが、そいだサカナの身がチョウになって飛んでいくという愉快な変身譚が書かれた唐代は、膾料理がおおいに洗練され、文人たちが道楽で手ずからサカナをさばいていた時代だった。

チョウの饗宴

古代中国の庶民がチョウとどのようにかかわっていたのか、市井の生活はほとんど記録の対象にならなかったのでよくわからないが、皇帝や皇族、官僚の興味深いエピソードはいくつか伝わっている。まずは唐の宮廷での話。

穆宗《ぼくそう》皇帝（唐朝第十五代皇帝。七九五〜八二四年）は宮殿の庭に八重咲きの牡丹を植えていた。花がほころびはじめると素晴らしい香気があたりを満たした。ひと枝に千もの花をつけ、花びらは大きく真っ赤だった。帝は満開の牡丹を眺めては感じ入り、「この世にかつて、これほど見事な光景があったであろうか」と賛嘆された。

それから間もなくのことである。宮殿に毎夜、数知れぬ黄や白の蝶が姿を見せるようになった。蝶は花から花へと舞い、まばゆく辺りを照らしだしたが、明け方になると去っていく。女官たちは手に手に薄絹をもち、きそって追いかけた。つかまえそこねる者はひとりもいなかった。帝は宮殿に網を張らせて数百頭の蝶を捕らえ、これを放って女官たちに追わせた。その様子をご覧になって楽しまれたのだった。

空が白みはじめた時分に蝶を見ると、すべて金銀玉石でできていた。しかも作りの精緻さたるや比類がない。女官たちは我も我もと糸で蝶の脚をゆわえ首飾りにした。この首飾りは夜になると化粧箱のなかで発光した。
ある夜、宝物庫を開けてみたところ、金銀玉石のかけらのなかに、蝶になりかけているものがあった。そこで宮中の人びとは事情をさとったのであった。

（唐・蘇鶚『杜陽雑編』）

夜毎あらわれるチョウの正体は宝物庫の宝石だったという、これまたおとぎ話のような変身譚であるが、おそらく穆宗皇帝が宮中にチョウを放ち、女官に追わせて楽しんだというくだりは実際にあったエピソードだ。穆宗のおよそ百年前、第六代皇帝玄宗もまた、春になると毎夜のように宮中でチョウの宴をひらいていた。女官たちには髪に花を飾らせ、皇帝みずからが捕まえたチョウを放って自由に舞わせ、翅を休めたところの者をその夜の相手としたのである。この風変わりな臨幸は「蝶幸」とよばれた。

玄宗の蝶幸は楊貴妃だけを寵愛するようになりやんだが、(1)かたや楊貴妃のような寵姫を得なかった穆宗はいつまでも享楽的な生活をつづけていた。やがて死への恐怖にとりつかれて神仙思想にのめりこみ、薬物中毒により三十歳で没している。その末路を思えば、穆宗のまわりを夜な夜な舞い飛んだチョウの群れは、どこか不吉でもある。

明代のチョウマニア

中国では、昆虫採集は長いあいだ婦女子の遊びだった。唐の宮廷でも、皇帝をのぞけばセミやチョウを捕るのは、もっぱら女たちである。天子のお目にとまらない圧倒的多数の宮女たちは、無聊のなぐさめに虫を捕ったり飼ったりし、そうした風俗が絵画にもなっている。

清代の白話小説『紅楼夢』(曹雪芹)の第二十七話では、ヒロインの薛宝釵《せつほうさ》が扇子で面白半分に、ひらりひらりと身をかわすつがいのチョウを追いかけている。ここは繊細で儚げなもうひとりのヒロイン林黛玉《りんたいぎょく》と、健康で活発な少女薛宝釵との対比をきわだたせる象徴的なシーンであり、宝釵がチョウとたわむれる姿を好ましいものとして描写している。

チョウとたわむれる薛宝釵(『紅楼夢』挿絵)

かたや、昆虫に淫する成人男子はどのように見られていたのか。清・蒲松齢『聊斎志異』に、チョウマニアだった明代末期の県知事を主人公にした「放蝶」という短編がある。

長山《ちょうざん》（いまの山東省鄒平県）の王蚪生《おうとせい》という進士が知事をつとめていたときのことである。彼は裁判をするにあたり、いつも罪の軽重に応じて蝶を納めさせ、償わせていた。法廷に何百何千という蝶をいっせいに放ち、美しい錦の端切れが風に吹かれて舞い飛ぶような光景を見ては机をたたいて大喜びしていたのだった。

ある晩、王の夢のなかで艶やかな着物をまとった女がしずしず入ってきて
「あなたの残酷な政治のおかげで、たくさんの姉妹が犠牲になりました。そこで少しばかり風流なお仕置きをさせてもらいますよ」

というや、蝶に変じて飛翔し去った。

その翌日、王が役所でひとり杯を傾けていると、直指使がやってきた。驚きあわてて出迎えたはいいが、閨中で戯れていたとき冠に挿した白い花をとるのを忘れていた。ふざけた身なりで出迎えを受けた直指は侮辱されたと思い、口汚くののしって帰ってしまった。

このことがあってから、王の罰蝶令はなくなった。

職権を濫用してチョウをみだりに採集させていた王蚪生のおかげで多くのなかまが死んだ、そこ

でチョウの精が彼をこらしめたというおとぎ話にことよせて、作者の蒲松齢は本業をおろそかにし、自堕落な生活を送る官吏を痛烈に皮肉っているのである。

王蚪生もまた実在した人物である。字を子涼といい、崇禎《すうてい》十三（一六四〇）年に進士となって如《じょ》皐《こう》（江蘇省）の県知事に就任している。彼のチョウ好きは地元では有名だったようで、住民に命じて採集させていたとか、罪を犯した者にはチョウを納めることでムチ打ち刑を免じていたとか、酒席ではきまってチョウを放して舞い飛ぶ姿を愉しんでいたなど『聊斎志異』に近い逸話がさまざま伝わっている。

しかし、どこまでが事実かはうたがわしい。成人男子が道楽にうつつをぬかすのは玩物喪志であるというのがこの時代の中国の常識的な考え方であり、まして地位も教養もある県知事がチョウマニアというのは、ありうべからざることだった。県知事は好奇の目で見られ、些細な所業も誇張されたり茶化されたりして伝わった可能性があるからである。

『長山県志』によると、王蚪生は質素でもの静かな人物であり、数万巻におよぶ書物のなかに起居していた。如皐に赴任していくらもたたないうちに県知事の職を辞し、故郷にもどったあとは門をぴたりと閉ざし、世間とはまじわらずに著述に没頭したという。このプロフィールから浮かびあがるのは清廉な知識人像であり、『聊斎志異』が描く人物とは似ても似つかない。

よしんば彼にチョウマニアの顔があったとしても、それを玩物喪志で片づけてしまうのは気の毒な面もある。王𡵆生が如皐の県知事となったのは、明朝滅亡前夜のことだった。国外からは後金が攻め寄せ、国内では深刻な飢饉が引き金となって暴動が頻発していたにもかかわらず、中央の官僚は保身と私腹を肥やすことに汲々としている救いようのない状況だった。屋台骨が腐り、国家が崩壊しようとしているときに、一地方の県知事にできることは、もはやなにもなかったはずである。王𡵆生は物《チョウ》を玩《もてあそ》んで志を喪《な》くしたのではなく、志を立てようがない状況のなか、チョウに没頭することで精神的に隠棲していたのではないだろうか。

一六四四年に明が滅亡すると、王は清朝の臣民となることをいさぎよしとせず、屋敷に閉じこもって本当に隠棲してしまった。この世の去り際には、自分の墓碑銘はいらぬ、子孫は辮髪や満服を拒否し、清朝の臣民となるなかれといいのこしている。

チョウとウリ

刺繡、磁器、剪紙、年画、中国結び（チャイニーズ・ノット）……。中国の伝統的な工芸品にはチョウの図案があふれている。チョウは死者のたましいが化したものだとか、チョウのおとずれは死の前ぶれなどと不吉がられるいっぽうで、じつはおめでたい長寿のシンボルにもなっているのだ。これは「蝶」dieが七、八十歳の老人をさす「耋」dieと同じ発音であるところからきている。ちなみに剪紙や年画では、ネコがチョウにじゃれている図案をよく見る。「猫」maoの発音は八、九十歳の老人「耄」maoと同じであり、ネコとチョウの組み合わせ「猫蝶」mao dieは、このうえもない長寿「耄耋」mao dieをあらわしているのである。

同じような縁起かつぎで、チョウとウリもポピュラーなとりあわせである。このモチーフは絵画をはじめ玉細工や硯の装飾などさまざまな工芸品に見ることができるが、作品にはかならず「瓜瓞《かてつ》綿綿《めんめん》」というタイトルがついている。「瓜瓞綿綿」とは『詩経』大雅の「綿綿たる瓜瓞」からでた言葉で、豳《ひん》（陝西省）の沮水《しょすい》と漆水《しっすい》のほとりに土着した祖先から子々孫々、綿綿と栄えた周室をたたえる歌がもとになっている。「瓜」は大きいウリ、「瓞」は小さいウリだ。子ヅル、孫ヅルにあとからあとから大小の実をつけ、しかも種がたいへん多いウリは、昔から多産や子孫繁栄の象徴だっ

長寿をあらわすチョウとネコ
（「猫蝶」）

子孫繁栄をあらわすチョウとウリ（「瓜瓞綿綿」）

た。「蝶」が「瓞」dieと同じ発音であるため、しだいにチョウの絵が小さいウリにとってかわり、チョウと大きいウリの組み合わせは長寿と子孫繁栄を願う吉祥図案となった（前ページ参照）。

「瓜瓞綿綿」は中国人の大好きなモチーフであるが、美術工芸品の図案にするだけでなく、本物のチョウとウリで「瓜瓞綿綿」を実演した話ものこっている。清朝晩期の王族たちの暮らしぶりを回想した金寄水・周沙塵『王府生活実録』に、辞歳の行事を紹介したくだりがある。辞歳というのは、大みそかの晩に祖先をまつり、目下の者が目上の者にあいさつをする儀式だが、王府でのしきたりはたいそう複雑で仰々しかった。「瓜瓞綿綿」はその一連の儀式のなかで次のようにおこなわれた。

大みそかの晩、亥の刻（いまの夜十時ころ）になると、役人たちが玉座に座っている太福晋《たいふじん》（王の母親）のもとにおもむき、両跪六叩、すなわち一回ひざまずき、三回叩頭する礼を二度繰り返す丁重なあいさつをする。このとき、わきにひかえている宦官が大声で「年年吉慶！　瓜瓞綿綿！」と高らかに呼ばわりながら、ささげもっていた黄色い磁器のふたを開け、美しいチョウをいっせいに飛びたたせるのだった。室内には前もってツルつきのマクワウリが並べてあり、舞いあがったチョウがうまいことウリにとまってはじめて子孫繁栄と太福晋の長寿を祝う「瓜瓞綿綿」が完成するのだが、『王府生活実録』によると、相手が虫だけにはかったようにはいかなかった。灯明に向かっていくチョウばかりで、ウリにとまるものは皆無だったらしい。そこで宦官が、灯火にぶつかって飛べなくなっているチョウをいそいで何頭かつまんで強引にウリにのせ、調子よく「これで瓜瓞綿綿となりました！」とうそぶいたという。

ところで辞歳の儀式につかうマクワウリは、屋敷に雇われている専門の花職人が大みそかに間に合うよう、わざわざ温室で栽培したものである。花職人は同時に「瓜瓞綿綿」のもう一方の主役チョウの幼虫も温室のなかで大量に育て、大みそかのまえに羽化させた。毎年恒例の行事であるから、皇族の邸宅に出入りする清代の花職人は、チョウの生活史や飼育についてもそれなりの知識をもっていたにちがいない。

南シナ海の巨大チョウ

古代中国の筆記小説や地方誌などのチョウにまつわる記事を読んでいると、大きいこと「蝙蝠《コウモリ》の如《ごと》し」とか「掌《てのひら》の如し」といった表現がひんぱんにでてくる。さらには「扇の如し」「団扇《うちわ》の如し」というのもある。コウモリや手のひらはともかく、扇だの団扇だのは文学的誇張であって、しかもつまらない常套句になってしまっているのだが、チョウが翅の美しさだけでなく、ときに翅の立派さでも人を魅了することはたしかだ。

中国の文献にのこるもっとも大きなチョウは、唐代に目撃されている。『太平御覧』が『嶺南異物志』にのっていた話として紹介している。

ある人が南海を航行していたときのこと、孤岸に舟を停泊させていると、蒲帆《がまほ》のようなものが海上を渡ってくるのが見えた。どんどん近づいてきたので手近な物を投げつけたところ、粉々になって落下した。見れば、なんと蒲帆の正体は胡蝶だった。翅と脚をとりのぞいて身の重さをはかったら八十斤あった。食してみれば脂がのり、たいそう旨かった。

南海というのは南シナ海のことだが、巨大チョウが飛んでいたのは、おそらく台湾から香港、海南島にかけての海域だ。『嶺南異物志』は今の広東省、広西省、海南省あたりの珍しい自然や事物、風俗をまとめた唐代の地理雑記である。沿岸には現代でこそ国際都市の香港、世界的観光地のマカオや海南島などが点在するが、唐代の中原からみれば、海抜二千メートル前後の連山「五嶺」にへだてられた嶺南は、文化も風俗も言葉もことなる蛮夷の地だった。しかし珍しい動植物や貴重な物産が豊富なことから、漢人たちはこの未知なる地に侮蔑とあこがれのいりまじったまなざしをそそぎ、古来、さまざまな地理書や見聞記を書いてきたのである。その内容はといえば、史料的価値のあるものから志怪小説のような突飛な話まで玉石混交だ。

「南海の胡蝶」は、ながらく後者に属する話と思われてきた。唐代の一斤を六百グラムとして換算すると、チョウの重さはおよそ四十八キロ。日本の平均的な成人女性ほどの体重になる。外骨格の昆虫はこんなに巨大化したら自分のからだを支えきれず、八十斤のチョウはいかにも現実ばなれしている。立派な翅をもったチョウと嶺南へのあこがれが生んだ幻獣とされてきたのである。

しかし近年、これは群れなして南シナ海をわたったチョウではないか、という見方がにわかに浮上している。

蒲帆のように見えたのは巨大な一頭のチョウではなく、チョウの集団だったというのである。近づいてくる無数のチョウの群れをめがけて水棹かなにかを投げこんだところ数頭に命中し、ばらばらと落ちてきたということなら、あり得そうな話である。中国にはチョウの神秘的な話はたくさんあるが、行動や生態についての記録はとても少ない。大きいこと蒲帆のごとき「南海の胡蝶」は、唐代に集団で海をわたったチョウについての貴重な報告だったのかもしれない。

チョウを食べる

『嶺南異物志』はまた、「南海の胡蝶」がたいそう旨かったと書いている。チョウやガの幼虫、さなぎなどを食用にする習慣は世界各地にあり、中国でもマメ科植物を食草とするトビイロスズメの幼虫「豆蚒《ドウダン》」をフグにもまさると珍重している地方があるが、おびただしい鱗粉や毛におおわれた成虫は、見るからに食感がわるそうである。しかし南海の胡蝶を食したという記事は、あながちでたらめとはいえない。

一般的ではないが、中国にはチョウ目の成虫を口にする文化が昔からあるのである。古いところでは魏晋南北朝時代、夏蚕《なつご》（その年、二度目に孵化したカイコ）のオスのガを炒り、翅、脚をとり去って強壮薬に用いた徐之才（六世紀の医家）の処方が伝わっている。これは「その性によって効をなす」という中国医学の考え方にもとづき、カイコガが羽化してすぐに交尾し、しかも交尾が数時間におよぶ特性にあやかろうとしたものである。

山東では、南宋のころより蜜虎というガが薬材になっていたことが、『本草綱目拾遺』（清代・趙学敏）にしるされている。南宋のある名臣が語ったところによると、土地の人は蜜虎をあらかじめつかまえて袋に入れ、家の軒下につるして陰干ししておく。喉がはれたり痛んだりしたときに袋から一匹とりだして素焼きの土器で炒ってまず全身の毛を落とし、頭、脚、尾、翅をもぎとってからふたたび乾煎りして粉末にし、これに少々の龍脳香をくわえて喉のなかに吹きつけるのだという。胸痛や腹痛のばあいはこうだ。やはりあらかじめ蜜虎を捕まえて竹筒に入れておく。この虫はなかなか死なないので、二十日ほど放置して干からびるのを待つ。枯死するまでに竹筒のなかで暴れて体毛はほとんど落ちてしまうから、これを素焼きの土器で乾煎りして粉末にし、酒でといて服用する。

薬として口にするうち、蜜虎の美味に気づいたのだろうか。山東の農民は、蜜虎の風味は蚕蛹《さんよう》（カイコのさなぎ）にまさるといい、薬ではなく食材にするためにも採捕していた。捕まえるのは虫の体毛に露がつき、重くて飛翔できない日の出前をねらう。あつめた蜜虎は翅をもぎとったうえで甕にまとめ入れ、たがいにぶつかり合わせて体毛を落とさせる。しかるのちに油、塩、サンショウ、ショウガとともに炒めて食す。

カイコのさなぎよりうまい蜜虎とはいったいどんなガか。『本草綱目拾遺』は蜜虎の外観を「蜂に似て大きく、首が尖り、身体はまるくオリーブのような形状をしており、両翼はやはり蜂の翅に似ている。全身に毛が生え、まだら縞があり、尾には鶩鳥の尾羽のような短い毛が広がっている。鼻上には二本の髭があり、しきりに花のなかに入っては髭で花蕊を釣りあげてでてくる」と説明している。このような特徴を備えているガといえば、大型のハチとよくまちがわれるオオスカシバ、もしくはスキバホウジャクではないだろうか。「髭」といっているのは「触角」だろう。翅に鱗粉がなく、昼間、ハチドリのように花のあいだをホバリングしながらストローのような口吻で吸蜜してまわるスズメガ科の昆虫である。

オオスカシバ

『本草綱目拾遺』はまた、蜜虎はミツバチの巣に侵入しハチを斃してしまうため、養蜂家にもっとも忌み嫌われているとか、頭に斑点があるともいっている。背面の斑点がドクロのような模様をなし、ミツバチの巣に入り込んで蜜を盗みとるメンガタスズメと混同しているようでもある。いずれにしてもカイコのさなぎより美味い蜜虎がスズメガのなかまであることはたしかなようだ。

遼寧省をはじめとする東北地方や山東省ではサクサンを食べることが知られている。サクサンは開張十センチ以上にもなるヤママユガ科のガである。褐色がかったマユからとれる糸は家蚕の絹にはない張りや光沢をもち、人気は高い。このため幼虫の食樹であるナラやクヌギがはえた広大な森林を擁する上記の地では、成虫の交尾や産卵、孵化までを屋内の施設で管理したのち、優良な幼虫だけを選別して戸外の林にうつしてマユをつくらせるという、大規模な放し飼いをおこなっている。このような半人工飼育では、オスの成虫は交尾を終えた時点で、メスの成虫は産卵がすんだ時点で不要となり、すてられる。このため春と秋に大量に羽化するガは、サクサン飼育に従事する者のみが年に二度、享受できるご馳走となるのである。食べかたはいたってシンプルで、翅をもいだうえで炒めたり揚げたりするだけなのだが、成虫は幼虫やさなぎより美味だという。

サクサンの放し飼い技術は明代ころまでに山東省で確立し、しだいに東北地方にも広まっていった。なにも手を加えず、文字どおり野蚕のマユをあつめて糸にしていた時代をくわえると、中国人とサクサンのつきあいは少なくとも二千年におよぶ。サクサンを食してきた歴史もそれなりに長いだろう。地域はかぎられるが、このような食文化があることをふまえると、南海の巨大な胡蝶を食べたという『嶺南異物志』の記事も、さほど奇異な感じがしないのである。

荘周の夢

本章ではさまざまなものがチョウに変化する話を見てきた。人間の観察不足や勘違いによる荒唐無稽なお話、空想や欲望が入りこんだおとぎ話もあるが、そもそもはこの美しい昆虫がどのようにして生まれたのか、という素朴な疑問に発している。しかし、古今を通してもっとも人びとの心をとらえたのは、じつは人間がチョウになったのかチョウが人間になったのかよくわからない、という話かもしれない。

昔、荘周は夢のなかで胡蝶になった。胡蝶そのものになってひらひら舞い飛んでいると、愉しく、のびやかな心地がして、自分が荘周だということすら忘れてしまった。けれども、ふと目がさめてみれば、自分はまぎれもなく荘周だった。いったい荘周が夢のなかで蝶になっていたのだろうか。蝶がいま、荘周になった夢を見ているのだろうか。形のうえでは、荘周と胡蝶にはちゃんと区別があるが、これが物化(物の変化)というものなのだ。

『荘子』の斉物論篇におさめられている有名なエピソード「胡蝶の夢」だ。斉物論というのは、この世の万物には区別がなく、一切は斉同であるとする荘子の中心思想である。宇宙の本原である「道」のもと、ありとあらゆるものは、とどまることなく生滅し変化しつづけている。人間は生死や時空、美醜、大小、是非、善悪、貴賤といったように、おうおうにして物事を区別したり対立的にとらえたりするが、じつはこれらもすべて変化のなかの一態様に過ぎない。だから、たとえば生と死をべつのこととしてとらえ、生だけに執着することにはなんの意味もないというのだ。

夢と現《うつつ》もまたしかり。そもそも人生そのものが夢かもしれず、どちらが夢で、どちらが現かなどは、どうでもいいことだ。チョウになったのならチョウの時間を愉しめばいいし、荘周になったら荘周の人生をせいいっぱい生きればいい。荘子は「胡蝶の夢」に託して、現在を肯定し、在るがままを愉しむ絶対自由の精神を説いたのだった。

(1)五代・王仁裕『開元天宝遺事』

蟻

〈アリ〉

南柯《なんか》の夢

淳于棼《じゅんうふん》は呉楚地方では名の聞こえた侠客だった。豪放で武芸にすぐれていたが、酒好きがわざわいして仕官もならず、資産があるのをいいことに、血気さかんななかまと酒びたりの毎日を送っていた。

その日も酔いつぶれ、友人たちにかつがれて自宅屋敷のぬれ縁に倒れこんでもうろうとしていた。すると、どこからともなく紫の衣をまとった人があらわれて告げた。

「槐安《かいあん》国王の命でお迎えにあがりました」

うながされるまま馬車に乗り込むと、馬車は庭さきにはえている槐《エンジュ》の古木の、ぽっかりあいた洞《うろ》にはいっていった。

洞のなかには山河が広がり、街道は人の往来でたいそうなにぎわいだ。妙なことがあるものだといぶかりながら運ばれること数十里。やがて前方に朱塗りの楼門が見えてきた。門には金色の扁額がかかっており、「大槐安国」と大書してある。高官がうやうやしく出迎えてくれたが、これまた異なことをいう。

「お待ち申しあげておりました。わが君は、淳于棼殿と姫様との縁組を待ちのぞんでおられます」

壮麗な宮殿の玉座の間に案内され、槐安国王に拝謁した淳于棼は、ただただ怖ろしく、ひれ伏すばかりである。そうしてあれよあれよという間に盛大な婚礼の儀がとりおこなわれ、仙女と見まがうばかりの美しく若い姫君とめおとになった。

やがて南柯郡の太守に封ぜられる。南柯は槐安国の大郡だったが、彼が善政をしいたので、よくおさまった。在任中の二十年間、淳于棼は民衆には崇敬され、国王には重んじられて、広大な領地と高い地位をたまわった。夫婦仲はむつまじく、ふたりのあいだに生まれた息子や娘たちは、いずれも幸せな人生を歩んでいる。わけもわからぬまま槐安国に連れてこられた淳于棼だったが、ここに栄華はきわまった。

しかし絶頂期は長くはつづかなかった。他国が突然、南柯郡に攻めよせてきたのである。淳于棼は軍隊をだして迎え撃ったものの、あえなく敗れてしまう。戦いのさなか、妻の金枝公主も病を得て亡くなってしまった。すっかり消沈した彼は太守職の辞任を願いで、妻の棺をともない都にもどってきた。そんな婿にたいし、国王はこれまでになく冷淡だった。

「そちも故郷をでて久しい。いちど家族に会いに帰ってみてはどうか」

「いまさら帰る家などありませぬ。いまやここがわたくしの故郷なのです」

そう訴えてみたが、とりつくしまもない。

「そなたの家は俗世にある。ここではないぞ」

姫の死によって閨閥《けいばつ》関係は切れ、国王の寵愛を失ったのだと彼は悟った。

帰郷には、かつて彼を槐安国に連れてきたときとおなじ紫の着物をきた人が同道した。粗末な馬車に乗せられ、昔とおった道をもどり、エンジュの洞から外へでる。そこには以前と変わらぬ、なつかしいわが家があった。車からおりて、ふと母屋を見やると、ぬれ縁にまどろんでいる自分の姿があるではないか。「あっ」と思ったところで目が醒めた。見れば使用人はほうきで庭をはき、酔いつぶれた自分をかついできた友人たちは談笑しながら足を洗っている。夕日はまだ垣根のうえにあった。しかし夢のなかでは、長いながい人生を送ったような気がする。

淳于棼はしみじみとして、ふたりの友人にいましがた見た夢の話をした。彼らはたいそう驚き、淳于棼をうながして庭のエンジュのところへいってみた。あやかしのしわざではと考えた友人たちは、使用人に木を伐らせ、古木の内部を調べはじめた。

洞のなかは寝台がひとつ置けるほど広く、城市のようにもりあがった土くれにおびただしい数のアリがひそんでいた。中央の宮殿とおぼしきところにはひときわ目立つ大アリがいて、数匹のアリをしたがえている。どうやらここが槐安国の都で、大アリが国王らしい。さらに調べると、穴は南にのびた枝に通じており、その奥にも小さな街と御殿があって、たくさんのアリがいる。彼がおさめた南柯郡だ。「柯」とは枝のいいである。かつて巻狩をした山、妻を埋葬した岡……すべてが夢で見た世界と同じであった。

淳于棼は槐安国がこわされないように、いそいで穴をふさいだ。しかしその夜、一帯を暴風雨がおそい、翌朝、エンジュの洞をのぞいてみるとアリは一匹のこらず消えていた。そのことがあってから淳于棼は道門に入り、酒色をぱったりと絶ったのだった。

日本でもよく知られている唐代の伝奇小説『南柯太守伝』（李公佐）のあらましである。栄達をのぞむむなしさ、人生のはかなさを描いた寓話だ。「南柯の夢」（中国語では「南柯一夢」）は、物事のはかなさをたとえる成語にもなっているし、唐宋代の文人たちは、この物語を好んで散文や詩文に引用している。南宋代の地理書、祝穆『方輿勝覧《ほうよしょうらん》』にいたっては、淳于棼が架空の人物であるにもかかわらず、広陵（いまの江蘇省揚州）の邸宅や、県の北十里のところにあったという墓についてもっともらしく書きしるしている。墓は俗に「南柯太守の墓」と呼ばれているとあるところをみると、ちゃっかり墓碑の類まで建てられ、ちょっとした史跡になっていたようだ。

アリのユートピア

この作品がこれほど人口に膾炙したのは、作者のメッセージが、あくせくと塵界に生きる人びとの共感を、時代を超えて呼んだからにほかならない。しかし、それだけの理由でもないだろう。小説のプロットそのものが中国人好みだったことも大きいのではないか。閉じられた空間には別天地が存在する、宇宙は入れ子式にもうひとつの宇宙を内包している、といった夢想は昔から中国人の得意とするところだった。よく知られたところでは『後漢書』方術列伝にみえる「壺中天」がある。薬売りの老人（じつは仙人）が一日の商いを終え、店さきに吊るしてあるヒョウタンにするりともぐりこむのを目撃した町役人の費長房が、後日、中に入れてもらったところ、そこには壮麗な宮殿がそびえ、美酒や佳肴があふれていたという話である。

このような別天地では時間の流れる速さも俗界とはちがう。ひょんなことから異界に入りこんでしまった俗人は、しばしば尺度のことなる時間を体験することとなる。たとえば唐の時代、房州（いまの湖北省房県）の陰隠客という富豪の命で井戸掘りをしていた男は、二年をかけて一千尺の深さまで掘っても水脈にあたらなかったので、なおも鍬をふるっていたところ、ある日、地中でニワトリやイヌやスズメの鳴き声を耳にした。そこでもうひと掘りすると、ぽっかりとあいた穴にでくわした。くぐり抜けてみれば、なんと眼前には明麗なる天地がひらけていた。深山幽谷のなかに金銀にかがやく御殿がたち、チョウが舞い、清らかな泉がわいている。

井戸掘りをみとがめてやってきた門番の話では、めでたく仙道を得たものが最初に送られてくる地下の仙界なのだという。ここで七十万日間の修行をしてから不老不死の仙人が住まう蓬萊山なり姑射山なりへ派遣されるのである。門番の案内でひとしきり仙界見物を楽しみ、地上にあがってきた井戸掘りは、すぐさま富豪の屋敷をたずねたが、彼をやとった陰隠客はとうに死んでいて、いまは曾孫や玄孫の代になっていた。井戸のことは誰も知らず、井戸掘り自身の家族がどうなったのかもわからずじまいだった。(1)

洞窟のなかや隘路の向こうの小宇宙に遭遇する、日常のなかでふいに非日常に迷い込んでしまう、この手の話はどこの国にもあるが、中国はとりわけ多く、多種多様な展開を見せている。背景には戦乱や飢餓、官僚社会のわずらわしさから芽生えた隠遁願望や理想郷への強烈な憧憬、神仙思想の影響などがたぶんにある。しかし本書で注目したいのは、アリは中国人のそんな人生観や宇宙観を仮託するにうってつけの昆虫だということである。

アリは種類によって樹木や地中など、いろいろな場所にさまざまな形の巣をつくる。巣の出入り口は見過ごしてしまうほど小さいが、内部には縦穴や横穴をめぐらし、女王の部屋、保育室、貯蔵庫などをそなえた巨大な都市構造が広がっているものもある。そのなかでコロニーをつくり、女王アリ、働きアリ、兵隊アリなど、歴然とした階級や役割分担をもって秩序ただしく暮らし、ときにコロニーのことなるアリ同士が戦闘を繰り広げたりしている。さながら人間社会の縮図のようである。しかもこのような小宇宙はわたしたちのすぐそば、たとえば自宅の庭先などに人知れず存在しているのだ。アリの生態を知れば知るほど、中国人の想像力が刺激されることは必定だろう。

パラレルワールド

中国人のアリの巣穴への関心は歴史が長く、人間がアリの世界を訪問する話はすでに四世紀に干宝があらわした『捜神記』に見られる。夏陽（いまの陝西省韓城市）に住む盧汾《ろふん》という男が夢でアリの巣穴に入ってみると、なかは広壮な建物になっており、三間《げん》もある広間の扁額には「審雨堂」と書いてあったという。シンプルな異界訪問譚だが、本章の冒頭で紹介した『南柯太守伝』は、唐代の李公佐がこの故事に触発されて書いたともいわれている。

どちらの話も人間がアリの巣穴を訪問するのは夢のなかのできごととされているが、のちにはアリの世界を現実に存在するパラレルワールドとしてあつかった作品もあらわれた。李公左からおよそ八百年後の明末、劇作家の湯顕祖が『南柯太守伝』を下敷きに書いた戯曲『南柯記』がそれである。この作品の淳于棼とアリとの出会いは次のようにはじまる。

豪傑ながら酒癖の悪さが原因で淮南《わいなん》軍副将の地位を失った淳于棼は揚州に閑居して、日々、やけ酒をあおっていたが、七月十五日の盂蘭盆会《うらぼんえ》に契玄《せつげん》禅師が孝感寺へきて法話をすると聞いてでかけていった。寺に集まった老若男女のなかに、この世のものとも思われぬ臈たけた三人の婦人がおり、彼女たちが契玄禅師に贈った金鳳の簪《かんざし》と犀角の小盒もまた、まこと精妙不可思議なものだった。いたく好奇心をおぼえた淳于棼は、なんとか近づきになりたいと思い、彼女たちに話しかける。じつは三人の婦人はアリの化身だった。槐安国には年頃の姫君がおり、彼女たちは国王の命で、知勇をかねそなえた婿を人間界に探しにきていたのである。

しかしアリが人間界にきたのには、もっと深い因縁があった。じつは、九十一歳になる契玄禅師には前世の罪業があったのだ。梁の武帝のころ、比丘だった彼は達磨大師にしたがって揚子江をわたり揚州へいった。ある夜、七層の塔のうえでうっかり蓮華燈をかたむけ、熱い油をアリの巣穴に流しこんでしまった。そのときは気にもとめなかったが、塔守の少年僧が浮かぬ顔をしているのでわけを聞いて、はじめて自分の犯した罪を知る。

かつて聖僧が天眼でかぞえたところでは、この巣穴には八万四千匹のアリがいた。灯明をともして念仏を唱えていると、穴からでてきて仰ぎ見ながらじっと聞いているので、少年僧は飯粒をやりながらアリと戯れるのが常だったが、いま、比丘がこぼした蓮華燈の油のために多くが命を落としてしまったというのだ。おおいに悔やんだ比丘が達磨大師に申し上げると、師は「気にやむな」という。アリたちはいずれ虫としての業《ごう》が尽き、五百年後に汝によって解脱させられるのを待っていると。それからちょうど五百年が過ぎ、比丘は生まれかわり、契玄禅師となって揚州の孝感寺へやってきた。アリもまた五百年の因果でやってきたというわけだ。

アリによる婿えらびで淳于棼に白羽の矢が立ち、彼は槐安国に連れていかれる。その後、夢のなかで波乱万丈の人生を送り、目覚めてから栄華を追い求めるむなしさ、浮世にあくせくするばかばかしさを知るところはオリジナルの『南柯太守伝』とおなじだが、戯曲『南柯記』では契玄禅師の手引きで淳于棼が「一切皆空」の仏法を悟り、彼の解脱によってアリたちもまた輪廻の迷いから脱して終わる。アリの世界は夢のなかのことではなく、ひそかに人間世界と通じながら、アリたちが彼岸にわたるまで厳然と存在しているのである。

虫も人間も衆生としてひとしなみにみる仏教の宇宙観が作品に反映されていることはまちがいないが、アリの世界をパラレルワールドとして描きえたのは、アリが人間さながらの社会性昆虫であることと無縁ではないだろう。中国にはアリのほかにもヤモリやヒキガエルなどの異類を人間が訪問する話があるが、せいぜい、若いヤモリをいじめた士人がなかまのヤモリたちが棲む穴へ連れていかれ仕返しされるとか、官人が街でであった油売りのあとについていったら油売りの正体はヒキガエルだったなどの落ちで、『南柯太守伝』や『南柯記』のスケールには遠くおよばない。

湯顕祖は『南柯記』の題詞で「人の蟻を視るに細砕営営とし、去るに為す所を知らず、行くに往く所を知らず。この意皆居して食する事の為なり」（アリを見ていると、なすべきことも行くべきあてもわからず、ちょこまかと動きまわっている。これ、すべては居食のためなのである）と書き、劇の前口上では、玉茗堂《ぎょくめいどう》と号するみずからの屋敷でアリがうごめく様をながめていて、虫けらにも人間とおなじように情や欲といった心のはたらきがあるのを見てとった、と創作動機を端役にうたわせている。人間をほうふつさせる社会性昆虫アリの営みが芸術家たちにインスピレーションをあたえ、後世にのこる異界訪問譚を書かせたのである。

アリの霊力

古代中国人はエサのためにあくせくはたらくアリに人間同様の愚昧さを見る一方で、自分たちよりすぐれた生きものとして敬服してもいた。博学にして詩文をよくした明代の役人謝肇淛《しゃちょうせい》は随筆集『五雑組』で「小さくて可愛いらしいものでは、蟻にまさるものはない。蟻が兆しを察知して吉凶を占うのは智に似、弱者を兼併《けんぺい》（吸収して統一）するのは勇に似、類を呼ぶのは仁に似、順序を守るのは義に似、爽《たが》わないのは信に似ており、君臣の義、兄弟の愛、長幼の倫をもっている。人は多くのところで蟻に及ばない」と語っている。

そればかりかアリは人智を超えた霊性をそなえているとさえ考えられていた。そのひとつが水を察知する能力である。盧汾青年が夢のなかでアリの巣穴に入ると宮殿があり、大広間で「審雨堂」と書かれた扁額を見たという『捜神記』の話を八七ページで紹介したが、「審雨」とは「雨を審《し》る」という意味だ。漢・焦延寿『易林』にも「蟻が巣穴を閉じれば大雨になる」とあるように、紀元前の昔から、アリは雨や洪水を予知するとされていた。

雨や洪水の予知ばかりでなく、水のありかを教えてくれる虫でもあった。

春秋時代、斉の桓公（在位紀元前六八五～前六四三年）が孤竹国征伐におもむいたおり、山中で飲み水をきらし、兵士たちはのどの渇きに苦しんだ。隰朋《しゅうほう》が「アリは、冬は山の南側に、夏は北側に棲みます。高さ一寸ほど盛りあがった土くれのなかにアリの穴を見つけたら、その下七、八尺に必ず水があるはずです」というので掘ってみると、はたして水を得ることができた[2]。隰朋は斉の名宰相・管仲が、自身の後継に推挙したほどの賢才である。この逸話のキモは、それほどの人物でも、とるに足りないものの知恵を謙虚にかりるというところにあるのだが、裏返せば昔の人びとが、アリはある分野に関して、隰朋もかなわぬ能力をもっていると一目置いていたことがわかる。

アリへの畏れ

そのような霊性への畏れからか、しばしばアリをモチーフにした物語には、アリに危害をくわえてはいけないという意識がかいまみえる。

晋の太元年間（三七六～三九六年）のことである。桓謙、字を敬祖という男の家に、とつぜん、身の丈一寸あまりの小さな人たちがあらわれた。

鎧に身をかため、手に手に長矛をもち、装具をつけた軍馬にまたがって穴からでてくると、陽光に金具をきらめかせながら屋敷のなかに入ってきた。数百人を一隊として布陣をしき、いさましく突撃したりしていたが、馬も人もたいそう身軽であった。机を伝ってするすると竈《かまど》によじのぼって食べものを捜しまわり、だれかが肉切れを見つけると、ほかの連中も群がり寄ってきて、力のまさったものが長矛で肉を突き刺しては穴のなかに運び込んだ。

ひとしきりそんな大騒ぎをしていたが、やがてひっそりとしてだれも穴からでてこなくなった。たまにでてきても、すぐに引っ込んでしまう。そこで蔣山の道士朱応子が人に命じて煮えたぎった湯をもってこさせ、穴のなかに注ぎこんだ。掘り返してみると、大きなアリが一斛《こく》ほども死んでいた。のちに舘の主人桓謙は誅殺された。

（『太平広記』所引『異苑』）

桓謙は、東晋の実権を掌握し、禅譲というかたちで帝位についた桓玄の一族である。権力をほしいままにした桓玄側にくみしていたためクーデターで殺されたのだが、この話ではアリを煮殺したことと誅殺されたことがむすびつけられている。

次はアリそのものではなく、アリの巣にちょっかいをだして報復された風水師の話である。

唐の開成年間（八三六〜八四〇年）はじめのこと、忠州墊江県《てんこう》（いまの四川省墊江県）の役人冉端《ぜんたん》の父が亡くなった。風水がわかる厳師という男が埋葬地の地相をうらなったところ、「地下にはなにやらの気が群がり集まっております」という。そこで一丈あまり掘りかえしてみると、蟻の街が姿をあらわした。広さ数丈四方もあり、城壁と姫垣までそなえ、子城や望楼はあたかも彫刻したかのようだった。城内は大通りや小路が整備され、小さな部屋がならんでいて、それぞれのなかでは数千匹の蟻が休むことなく動きまわっていた。小道はたいそう清潔でつるつるしていた。高殿には二匹の蟻がいた。一匹は紫色で一寸あまり、脚が金色をしている。もう一匹は翅があり、腰が細く、やや小さい。白い翅には脈があり、どうやら雌のようだった。その他大勢の蟻は数斛もいただろう。城のすみは少しくずれているが、固い土で蓋をしていたので、なかの楼はこわれずにいたのである。それが掘り返され、白日にさらされたものだから、蟻たちはあわてふためき、救いをもとめるかのようだった。

県役人の冉端は真っ青になって知事の李玄之に報告した。李玄之は、みずから蟻の街を検分したうえで、冉に占いなおすよう忠告した。しかし厳師は、自分の占いが当たったことをひけらかし、ここは吉の地相だといってゆずらない。やむなく冉は蟻たちを岩のそばに引っ越しさせることを願いで、もとと同じように石を配置し、うえを板でおおってやった。

それから十日ほどのことである。突然、厳師は気がふれたようになり、自分に平手打ちを食らわせたり、口汚く罵ったりしだした。不穏な症状は数日間つづいたが、かねてから厳師を厚遇していた李玄之が祈禱してもらい、病人に雄黄丸を飲ませたところで、ようやく治まった。

(『酉陽雑俎』)

この話で印象的なのは、アリのたたりよりもむしろ、アリの巣に対する人間の尋常ならざる気のつかいようだ。県役人は墓所予定地にアリの巣があるのを知って埋葬をためらい、わざわざ上司の知事に相談している。知事もまた実地検分をしたあげく、墓所の変更をすすめているのだ。ひとりアリの巣をかえりみなかった風水師だけが発狂してしまうのである。むやみにアリの巣をつついてはいけないというまじめが感じられる話である。そういえば『南柯太守伝』の淳于棼も、エンジュの洞のなかに見つけたアリの巣をそこなわないよう、そっと埋めもどしてやっていた。アリの巣を、大宇宙のなかの小宇宙、あるいは人間世界のとなりに存在するパラレルワールドととらえていたらしい古代中国人は、人為を加えて宇宙の均衡を乱すことを畏れていたかのようである。

アリの恩返し

自分たちを害する人間に報復するアリは、逆に助けてくれた人間への報恩を忘れない「義ある虫」（『埤雅』）でもある。じつはいまでも中国で童話などのかたちで語りつがれているのは、アリの仕返しよりも恩返しの話である。

呉の富陽県（浙江省杭州市の西南）の董昭之《とうしょうし》が船で銭塘江《せんとうこう》を渡っていたときのことである。川のなかほどで、蟻が一匹、短い葦につかまっているのが目に入った。蟻は茎のうえを端まで歩いていくと、今度は向きなおって反対側の端までもどり、ひどく狼狽しているようだった。

「死にたくないんだな」

昭之が拾いあげてやろうとすると、同船の客たちは

「こいつは毒をもっているんだから助けるんじゃないぞ」

「俺が踏みつぶしてやる」

と怒鳴るのだった。昭之は蟻をたいそうあわれに思い、縄で葦と船をつないでやった。おかげで船が岸に到着したとき、蟻も無事、川からあがることができたのだった。

その夜、夢のなかに黒衣を着た人が百人ほどの従者を引き連れてあらわれ、礼を述べた。

「拙者は蟻の王でござります。うかつにも川に落ちてしまったところ、あなた様のおかげで命びろいをいたしました。いつか困難に直面なされたときは、どうぞお知らせください」

それから十年あまりの歳月が流れた。董昭之の地元で強盗が多発し、彼は賊の頭目とのぬれぎぬを着せられ、余杭の獄につながれていた。

「昔、夢のなかで蟻の王が、なにかあったときは知らせろといってくれたが、どこへどう知らせたらよいのやら」

しきりに思案している昭之に、同房の囚人が「どうしたのだ」と問いかけた。そこでいきさつをくわしく語ると、その人はいう。

「蟻を二、三匹つかまえて、てのひらのなかで事情をとくと語ってやったらどうだい」

昭之がいわれたとおりにしてみると、その夜の夢に黒いきものを着た人が姿をみせた。

「一刻も早くここをでて、余杭山に隠れるのです。大赦令が公布される日も、遠くないはずですから」

そう告げられたところで、目が醒めた。見れば、枷はすでに蟻たちに嚙み切られている。そこで獄を脱けだし、川を渡って首尾よく余杭山に逃げ込んだ。やがて大赦令がでて、彼は刑をまぬがれたのだった。

（『捜神記』）

最古の食用昆虫

もちろん現実の生活では、油断をすると家のなかまで入り込み、嚙みついたり食べものに群がったりするアリを人びとはうとんじ、たたりも恐れずに退治していた。古来、スギの炭をアリの通り道に置く、カラシナとハズ（巴豆）の種子を粉末にして什器に塗っておくなど、さまざまなアリよけの方法が考案されているし、ブタの脂をわなにおびき寄せ、熱湯をかけて一網打尽にしてしまうといったことも日常的におこなわれていた。それでもアリと古代中国人の関係は、基本的には良好だった。アリは害だけでなく、恩恵ももたらしてくれたからだ。

たとえばアリはハチ、セミとならび、文献にのこる中国最古の食用昆虫である。秦・漢代以前には、「蚳《ち》」（アリの子）を塩辛にしたものを、帝王は干し肉にのせて食していたし、祭祀の供え物にも用いていた。

アリの塩辛は中原では早々にすたれてしまったが、一年中、アリが手に入る南方では、唐代にいたってもなお上流階級の珍味だった。劉恂《りゅうじゅん》の『嶺表録異』には「交州から広州一帯の山間部では酋領（首領）が蟻卵（アリの幼虫）をあつめ、沢水ですすいだのち、塩をまぶして醤《ひしお》にする。味は肉醤によく似ている。賓客かよほど親しい仲でなければ味わうことはできな」かったとある。現代でいえば、キャビアやトリュフのような高級珍味だったろうか。

アリを使ったエコ農業

アリはまた、人間の生産活動をたすけた。

アリを食する習慣があった嶺南（広東・広西地方）では、ある種のアリがたくさんいるミカンの木は虫害がすくないことを早くから観察しており、果樹農家は害虫防除にアリを積極的に活用していた。中国最古の植物誌とされる晋・嵆含《けいがん》『南方草木状』には、「交趾《こうち》（いまのベトナム北部）人は、蒖蓙《ござ》でつくった袋に蟻をどっさりたくわえて売っている。袋には、つづり合わせた木の枝や葉が入っているが、そこにうすい綿のような巣がかかっている。蟻はこのなかにおり、巣ごと売るのである。体は赤黄色く、ふつうの蟻より大きい。もしこの蟻がいなかったら、南方の柑橘類はことごとく害虫にいためつけられ、ひとたまりもないだろう」という記事がある。

木の枝や葉に綿のような巣をかける、やや大ぶりの赤黄色のアリとは、おそらくツムギアリのことだ。体長一センチほどの飴色をしたこのアリは、幼虫が吐きだす糸を使って樹上でたくみに葉と葉を縫いあわせ、球状の巣をつくる。たいそう気性が荒く、巣に近づくものにたいしては、昆虫であれ人間であれ、総攻撃をしかけてくる。そこで農園はツムギアリの巣ごと買いとって柑橘類の果樹にとりつけ、カメムシやゾウムシ、カミキリムシなどの虫よけとしたのである。天敵をつかって害虫を駆除する方法は、現代でいうところの生物的防除だ。アリ売りまでいたというのだから、南方の果樹農園ではアリによる生物的防除が広く採用されていたようだ。

『南方草木状』は一般に三〇四年に発行されたことになっているが、成立年については疑問視する向きもあるので、ツムギアリをつかった害虫退治が千七百年前からあったかどうかは断定できないが、次の記事を見ると、遅くとも宋代には確実におこなわれていた。

広南は耕地が少ないので、多くの農家が柑橘類を栽培して増収をはかっているが、しょっちゅう小さな虫に果実を食い荒らされる。しかし蟻がたくさん群がっている木にかぎって虫害がないことから、果樹園では蟻を買って手に入れるようになった。そこであらわれたのが、専門に蟻を採集して売る業者である。彼らは豚や羊のぼうこうの内側に脂を仕込み、口を開けて巣穴のわきに置いておく。蟻が入ったところでこれを回収するのである。柑橘類の害虫を退治するこの蟻は「養柑蟻《ようかんぎ》」と呼ばれた。

（宋代・荘綽『鶏肋編』）

広中は一年中、蟻が絶えない。山間の木には黄赤色の大蟻が生息するが、その巣は土蜂の巣に似て、大きいものでは数升もある。現地の人びとが採集して飼育しているこの大蟻を、農園は巣ごと買いとり、木のてっぺんにすえつける。強度のある籐や竹を樹木間にかけわたし、蟻が自由に往来できるようにしておくと、どの果樹も害虫に食い荒らされない。柑橘《ミカン》、林檬《レモン》などの木にもっとも有効である。

（清代・屈大均『広東新語』）

清代になると、樹間にトウやタケなどを使って空中回廊をめぐらし、ツムギアリがすべての木にまんべんなくいきわたるようにしたという。このやり方は民国のころまでつづいた。

芸をするアリ

帝王の珍味になったり夢のなかで結婚したり農業の手助けをしたり、アリと中国人の親密な関係はさまざまな形で見られるが、究極はアリの芸ではないだろうか。中国には、アリの世界に人間社会を投影した『南柯太守伝』や『南柯記』のようなフィクションだけでなく、アリを仕込んで実際に人間顔負けのドラマを演じさせる芸があった。

そのような芸がいつごろ成立したのかはっきりしないが、『東京夢華録《とうけいむかろく》』『夢梁録』『武林旧事』『都城紀勝』『西湖老人繁勝録』といった宋代のおもだった雑記には、縁日などに「弄虫蟻《ろうちゅうぎ》」（「教《きょう》虫蟻」ともいう）が出ていたことがしるされている。「虫蟻」というのは、小は昆虫から大はトラやクマまでの、生きもの全般をいう。「弄」は生きものを飼いならしたり調教したりすること、あるいはそれをする人のことだ。日本語に訳すなら、動物つかいといったところか。宋の都では、ガマガエルの寺子屋、七匹のカメが大きいものから順にかさなるカメの塔、クマのとんぼ返りなど、生きものをつかった芸「弄虫蟻」がさかんだった。

このように「弄虫蟻」といってもかならずしも昆虫やアリの芸にかぎったわけではないが、『東京夢華録』は、正月十五日の元宵節にはさまざまな見世物にまじり、「追呼螻蟻《ついころうぎ》」もあったとわざわざしるしている。「螻蟻」は文字どおりに読めばケラとアリ、またそのように小っぽけな虫けらというほどの意味だが、アリそのものをさす場合もままあり、「追呼螻蟻」はまさにアリの芸だったと思われる。字句から想像するに、なんらかの方法で「進め」「止まれ」「もどれ」などの号令をかけてしたがわせたものか。詳細はわからないものの、アリの芸は、すでに北宋時代にはあったのではないかと推測できる。

芸の全貌がはっきりするのは明代になってからだ。文人の田汝成《でんじょせい》が実見したところを次のように記録しており、アリ芸が高度に洗練されたものだったことがわかる。

わたしは先ごろ、杭州で鳥獣の曲芸を見た。そのなかに「蟻の戦い」という演目があった。どのようなものかというと、よく訓練された黄色い蟻と黒い蟻、ふたつの隊がある。どちらの隊にも首領となる大蟻がいて、目印の旗をさしている。芸人が太鼓をひとつ打つと両軍は対峙し、次の太鼓で入り乱れて戦闘をはじめる。三つめの太鼓が鳴ると双方はさっと別れ、四つめの太鼓でしずしずとそれぞれの穴に退却していった。

(『西湖遊覧志余』)

アリが本気ではなく演技で戦うなどにわかには信じがたい話だが、田汝成以後も何人もの文人が驚きをもってアリ芸について書きのこしている。清代の文学者袁枚《えんばい》(一七一六〜一七九七年)は、子どものころ郷里の杭州で「蟻の陣立て」という演目を見物している。アリつかいは商店をまわっては帳場などで芸を見せ、投げ銭をあつめていた乞食であった。彼の腰には二本の筒がぶら下がっており、それぞれのなかには赤と白のアリ千匹あまりが入っていた。

その筒を傾けると、赤い蟻と白い蟻が台のうえにわらわらとはい出してきた。乞食が一尺ほどの紅旗を振りながら「整列」というと赤蟻が列をつくり、白旗を振りながら「整列」というと白蟻が一列に並んだ。紅白二本の旗を交互に振りながら「敵陣を突っ切って進め」とどなると、赤蟻の隊列と白蟻の隊列はただちに交差しながら進んだが、右まわりになっても左まわりになっても列がくずれることはなかった。数周したのちに筒の口を近づけてやると、蟻はまたもぞもぞとそれぞれの筒にもどっていった。

(『子不語』)

乞食はほかに「蝦蟇《がま》の教師」という芸も披露し、三文の銭を要求していずこかへ立ち去ったという。袁枚は「蝦蟇も蟻も愚かで取るに足りない生きものなのに、いったいどのように芸を仕込んだのだろうか」と感心している。

『清稗類鈔《しんはいるいしょう》』（徐珂）という清代の野史が描写する「蟻の陣」はさらに芸が細かい。芸人が旗を振って「戦闘開始」の合図をすると、東西の陣地にわかれていた赤いアリと白いアリは猛然とぶつかり、一大混戦を展開する。しかしよく見ると、アリはそれぞれ相手をみつけて差しで戦っているのだった。やがてどちらかの軍が敗走する。勝っている方は追撃しようとするが、芸人が旗を振って制止すると、ただちに軍隊を引き上げ、一匹のこらず整然と竹筒のなかにおさまった。一方、敗軍のアリたちは押し合いへし合い、列を乱して竹筒にもどっていったという。

最後のアリつかい

清代には、アリ芸は見世物にかかせない人気のだしものになっていたが、アリをつかえる芸人は非常に少なかった。数百名からの大道芸人が集まり技を競っていた北京の天橋でさえ、十九世紀から二十世紀初頭にかけて確認できたところでは二、三人しかいなかった。だれもが簡単に習得できる芸ではなかったのだろう。

下町にあるこの一大歓楽街では、超絶した技をもつ芸人をとくに「天橋八大怪」と呼んでたたえた。その選ばれた八人のうちでも空前絶後といわれていたのが、アリつかいの老人だった。彼は辛亥革命（一九一一年）のころ天橋にいたというだけで、名前も、どこから流れ着いたかもわからないが、当時、神妙不可思議な芸に目を見張った老北京が八、九十年代ころまで存命しており、語り草にしていた。彼らの話によると、老人の芸もアリに隊列を組ませることだったが、「整列」「気をつけ」「前向け前」などと号令をかけながら、粟をまいてやっていたという。すると黒アリ、黄アリがすぐさま黒と黄二本の隊列をつくるのだった。違う色の列にまぎれこむアリは一匹もいなかった。整列する演技がすみ、老人が「教練終了！」と号令すると、アリたちは列をくずしてわれがちに細口瓶のなかへもどっていったということだ。

天橋の無名老人はおそらく最後のアリつかいだった。彼以後、アリの芸を見たという話は絶えて聞かない。アリつかいたちは生活の糧である芸の奥義を軽がるしく他人にもらすことはなかったし、たとえだれかに伝授するにしても、最下層に生き、読み書きを習う機会さえなかった彼らは口伝によったはずで、文字にのこすことはなかった。およそ九百年にわたり受けつがれてきた芸の秘密も、芸人の消滅とともに封印されてしまったのだった。

かどめ正しいケンカ好き

それにしても働きアリを人間が餌で手なずけたり、音声や視覚信号で動かしたりすることは可能なのだろうか。それとも旗を振ったり号令をかけたり粟を与えたりは観客を喜ばせるためのパフォーマンスにすぎず、もっとべつのところに種や仕掛けがあるのか。いまとなっては確かめようがないが、ただ、どの時代の記録を見ても、アリの芸の基本は自分の体色に応じて列をなすとか、ひとしきり入り乱れて戦《いくさ》（のまねごと）をしたあと容器にもどる、といったことにつきる。これを人間が仕込んだ演技とみればいかにも高度な技のようだが、じつは虫の特性をたくみに利用した見世物だったとも思える。

隊列を組んで歩くことは、中国人がもっとも早くから気づいていたアリの特性のひとつだ。「蟻」という漢字が「かどめだっている」「行儀正しい」ことをあらわす「義」という字をつくりにしていることからもわかるように、古代中国人はアリにたいして、整然と列をなして歩く虫というイメージをもっていた。唐の文学者・段成式は子どものころ、サネブトナツメの棘にハエを刺してアリの通り道に置いておいたことがある。ハエにでくわした一匹のアリが少しはなれた巣穴にとって返し、穴に入ったと思ったら、たくさんのアリがひものようになってぞろぞろはい出てきたことをとらえ、「声でなかまに呼びかけているようだ」と『酉陽雑俎』に書いている。

好戦性もまた、古代中国人が注目したアリの特性のひとつである。「北魏（南北朝時代の北朝最初の王朝。三八六〜五三四年）のころ、兗《えん》州で長さ六十歩、広さ四寸にわたって黒蟻と赤蟻の戦いがあった。赤蟻は首を落とされて死んだ」という古い記録がある。人間同士の壮絶な合戦をほうふつとさせるが、アリの話である。アリは別名を「玄駒」という。「玄駒」とは本来、黒い小馬とか名馬のいいであるが、明代の周祈は『名義考』で「馬はいくさをよく心得ているが、蟻もまたいくさに長け、馬に似ている。蟻はそこから馬の名を得たのだろう」と考察している。

段成式が「声でなかまに呼びかけているようだ」と考えたように、アリがなんらかの手段を使って情報を伝達しあっていることも、古代中国人は察していたかもしれない。現代では、アリが隊列を組むのはかどめ正しいからではなく、なかまが発する道しるべフェロモンのにおいをたどっているのだと解明されている。また体表面のにおいによって同種か、さらには同じコロニーのアリか識別しているので、黒や黄や赤のアリが入り混じって隊列を組むことがないこともわかっている。

もしかするとアリを自在に動かして人びとを驚かせた芸人たちは、フェロモンという物質は知らなくとも、アリがすばらしい嗅覚の持ち主であることや、彼らが体から発するにおいの秘密に気づいていたのかもしれない。世にも珍しいアリ芸とは、芸人たちが、もっといえば中国人たちが、長年の観察で蓄積した知識を応用したものだったのではないだろうか。

(1)唐・谷神子『博異志』
(2)戦国・韓非『韓非子』説林

蛍

〈ホタル〉

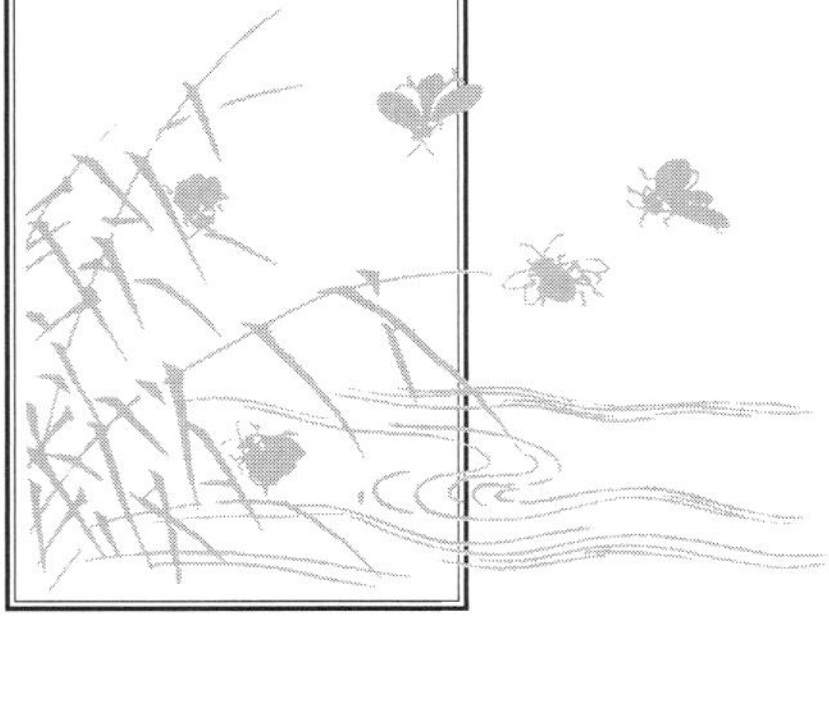

「腐草《ふそう》、蛍となる」

中国の古くからの遊びに字謎がある。漢字を偏・旁・冠・脚などにばらし、ヒントをだしてもとの字を当てさせるなぞなぞだ。「山のうえにまた山があるのはなあに」(答えは「出」)、「雨が降らずに雷だけ鳴っているのはなあに」(答えは「田」)のように漢字を知っていれば子どもでも解けるものから、故事や古典に関する文人雅士の教養をためすものまで難易度はさまざまだ。

清代の長編小説『紅楼夢』の五十回に、登場人物たちが字謎に興ずる場面がある。李紈《りがん》が「ホタルから考えられる一字は」と問題を出すと、しばらく皆は黙考していたが、やがて宝琴が「草花の〝花〟かしら」と答えを当てる。これを受けて「なるほど。ホタルは草が化したものですものね」と黛玉がいい、一同は出題の妙におおいに感心するのだ。

たしかに「花」という字は「艹《くさ》」が「化《か》」すと書く。しかし、その出題が「ホタル」とはどういうことか。『礼記』『呂氏春秋』などに「季夏の月、腐草、蛍となる」とあり、中国ではおそくとも紀元前二〇〇年の昔から、陰暦の六月ともなれば、朽ちた草が変化してホタルになると信じられていた。ホタルには水生と陸生とがあるが、一般にはどちらも薄暗く湿潤な環境をこのむ昆虫だ。古人は水辺のじめじめした草むらや森の朽ちた落ち葉のあいだを出入りする光る虫を見て、そこがホタルの産卵場所や生育環境だとは思わず、「畑の野菜がチョウになる」式の勘違いをしていたのである。ホタルをヒントに「花」という字を当てさせる字謎は、中国に昔からある「腐草、蛍となる」という通説を知っていてはじめて成立するのだ。

中国二千年の勘ちがい

虫の来歴に関する勘違いは時代がくだるにつれ観察がすすみ、いずれ神話伝説と事実は区別されていくものだ。けれども「腐草、蛍となる」という謬説は、その後二千年あまりのあいだ、基本的には正されることはなかった。そればかりか、「腐草が蛍にならない年は、穀物の実が熟さずに落ちてしまう」という迷信まで生んだ。なぜだろうか。

第一に考えられるのは、単純な理由である。発光する夜行性のホタルは、昼のあいだは所在が容易に知れず、夜間は生態を観察しにくい。くわえてセミやアリのような食用昆虫でも、カイコのような経済昆虫でもなかったから、どこで生まれ、どのような一生を送るのか、生活史が熱心に研究されることがなかった。

第二に、「蝶」の章でのべたように、万物は変化しながら循環しつづける、という古代中国人の自然観がある。「季夏に腐草、蛍となる」と書いた儒家の経典『礼記』は、ほかに「仲春（陰暦二月）には鷹が鳩となり、季春（陰暦三月）には田鼠が鴽となる……。季秋（陰暦九月）に雀は大海に入りて貝となり、孟冬（陰暦十月）に雉は大水（淮水）に入りて大蛤となる」ともいっている。道家が『荘子』至楽篇でとほうもない生物の循環を説いているのは四六ページで紹介したとおりだ。

仏家もまたしかり。解脱するまで輪廻転生はつづく。つまるところ儒家も道家も仏家も、生きとし生けるものは変化してやむことを知らないと考えていたのである。このような自然観のもとでは、ホタルがなにかほかのものから変化したとて、さして不思議ではなかったはずだ。

第三に「述べて作らず、信じて古を好む」——先賢の言をただ述べ伝えてむやみに自説を立てず、いにしえを信じて大切にするという中国伝統の尚古《しょうこ》主義がいかんなく発揮されたことも大きい。『礼記』以降、『淮南子《えなんじ》』『古今注《こきんちゅう》』『菜根譚』『抱朴子』などが、いにしえの言を検証することなく、これでもかとばかりに「腐草、蛍となる」を祖述したため、朽ちた草が変化してホタルになることは、いつしか揺るぎない真実となってしまった。

この勘違いにもっともらしい解釈をほどこし、勘違いの上塗りをしたのが学者先生たちだった。儒教の経典は昔からさまざまな解釈がなされ、注が附されてきたが、初唐にこれらの注釈を整理統一した大学者・孔頴達《くえいたつ》は、腐草が真夏の暑湿の気を受けたときにホタルになるのだと、変化が起きる条件をていねいにも補足している（『礼記正義』）。朱熹《しゅき》をはじめとする宋代の儒学者らは「物極必反」——一切の事象は極点に達すると、かならず逆方向へもどってくると唱えたが、そこから、陽光のとどかない暗がりで朽ちていた植物だからこそ、反動で明るく光るホタルに化したのだと解釈された。権威ある学者や時代の最先端をゆく思想家たちの言を得て、腐草がホタルになるという説は、いよいよもっともらしいものとなっていったのだった。

さらにこれらのテキストを素直に学んだインテリたちは、「腐草、蛍になる」をあまねく広めるのに貢献した。たとえば杜甫は、ホタルは「幸《さいわい》に腐草《ふそう》に因《よ》りて出《い》で」（「蛍火」）と詠み、李商隠は「今に于いては腐草に蛍火無く」（「隋宮」）と栄華を誇った隋朝のなれのはてをうたった。これらの詩句が愛吟されるうち、「腐草、蛍となる」説は市井に広く、深く根をおろしていったのだった。

自然に学ばず文字に学ぶ

じつは自然科学者たちのあいだでは、ホタルが変態することはかなり早くから知られていた。梁の陶弘景（四五六〜五三六年）は、この虫は「はじめは蛹《よう》のようだが、腹のしたにはすでに光があり、数日すると変化し、飛ぶようになる」といっている。ホタルがさなぎという段階を経て成虫になることも、さなぎの時代から光を発することも、六世紀のはじめにはわかっていたのだ。しかしその「蛹のよう」なものがどうして生まれたかとなると、陶弘景は「腐爛した草や竹根から変化した」といっており、結局、「腐草、蛍となる」の域をでていないのだった。

二千年のあいだには、南宋の文学者・戴侗《たいどう》（生没年不詳、十三世紀の人）のように「蛍は草中に卵を産みつけているのであって、腐草が蛍になるというのは誤りである」と指摘した人もいるにはいた。彼は自分の目でホタルの産卵を何度も見ているので、通説は信用できないといったのだった。(1)

しかし彼が自然に学んで得た知識は、尚古主義の呪縛から逃れられなかったインテリたちの批判を浴びこそすれ、俗説をくつがえすにはいたらなかった。戴侗からおよそ四百年ちかくのちの明末になっても、学者らは彼を批判している。

明代といえば李時珍が中国本草学の集大成ともいうべき『本草綱目』をあらわした時代である。李時珍は「虫部・蛍火」の項に、ホタルには次の三種類があるとしるしている。

(一) 小さくて宵に飛び、腹のしたに光があるもの
(二) 蛆や蠋《イモムシ》のように、長く尾後が光るが、翼がなく飛ばないもの
(三) 水中にいる水蛍

現代の科学にもとづいて読み解くなら、(一) はホタルの成虫だ。(二) はホタルの幼虫。あるいは、ホタルのある種類のメスは翅が退化してウジのような体形をしているが、それをさしていると思われる。(三) は水生ホタルの幼虫のことだろう。雌雄の別や変態の過程をホタルの種類と混同してはいるが、陶弘景の時代より観察がこまかくなっており、さまざまな姿のホタルをとらえている。けれども、これらがどのように発生したかとなると、相変わらず茅の根や竹の根から、あるいは草より化したもので、古典に書かれているとおりだといっている。

自然界の動植物や鉱物をもっぱら研究の対象とする本草家さえ、明代にいたってなお先賢の言を

「述べて作ら」ぬ態度にとどまっているのだった。これはもはや勘違いのレベルではない。迷妄である。「腐草、蛍となる」が二千年ものあいだ改められなかった事実は、文字に学ぶ伝統をもつ人びとが、それゆえ自然に学ぶこと、自身の目で事物を見ることの難しさを伝えてもいる。

たましい、化してホタルとなる

民間の、とくに農村部では、ホタルは死者のたましいが化したものだと信ずる人も少なくなかった。このため、ホタルが家に舞い込むと凶事があるとか、ホタル捕りにはひとりでいくなとか、ホタルを捕まえてはいけない、といった迷信も各地に伝わっている。

「腐草、蛍になる」は観察不足に起因したものだが、ホタルをたましいと考えたのは、ひとえにこの虫の発光する特性ゆえだろう。蒸し暑い夏の宵、草深い墓地や水辺を静かに飛びかう光はたしかに鬼火に見えなくもない。

中国には春に羽化する種類から、アキマドボタルのように十一月に飛んでいるものまでいるが、ホタルの一般的な鑑賞シーズンは六月から九月ごろまでである。そのうち旧暦の七月は「鬼月」と呼ばれ、この月の朔日《さくじつ》（ついたち）には地獄の門が開き、鬼、つまり亡霊たちがこの世に舞いもどってくるとされている。ふたたび地獄の門が閉まる晦日までのひと月、なつかしい親族を訪ねる霊、生前の仇をさがす霊、身寄りもなくさまよう霊らが、思いおもいにゆきかう。七月のホタルは、なおのこと鬼火を連想させたはずだ。

鬼月の中日は中元である。この日とその前後数日間、人びとは墓参りをし、供え物をととのえて、先祖の霊や成仏できていない霊などをなぐさめる。路地の入口で紙銭を燃やしたり、灯籠を川や湖に流したり、ハスの葉のまんなかにろうそくを立てた荷葉灯をささげながら子どもたちが町をねり歩くといった風習もあった。これらの火もまた遠望すれば、ホタルの光のように見えたことだろう。清代の北京には、ヨモギの葉先の一つひとつに線香や、紙でくるんだ香粉をとりつけ、火をともした蒿子灯《こうしとう》というものもあったが、闇夜に浮かぶ蒿子灯の行列は本当に「万点の蛍光、千里の鬼火の如し」[2]「無数の流蛍さながら」[3]だったという。

道教の中元節と仏教の盂蘭盆節が習合してのちに「鬼節」と俗称されるようになったこの年中行事の起源は五世紀、南朝梁の武帝の時代にさかのぼるとされている。唐代には民間に広まり、民国ころまでは盛大に行われていた。死者の霊を供養する鬼月の行事を千五百年にわたり連綿と繰りかえすなかで、「たましい、化してホタルとなる」という考え方もまた、市井の人びとの心に根をおろしていったのだった。

ホタル、化して金となる

万物の循環のなかで腐草はホタルに化したが、ホタルはしばしば金の粒に変じた。

北斉の武平年間のことである。平邑《へいゆう》（いまの山東省臨沂あたり）に住む王某の一家が所用で夜道を急いでいた。すると突然、前方に赤く大きな光の玉が浮かびあがり、流れ星のような光跡を描いて向かってきた。王家の人びとは胆をつぶして立ちすくんだが、ただひとり妻だけがひざまずいてこれを拝み、そっとスカートを開くと、光は静かに裾のなかに入っていった。

帰宅してから灯りのしたでたしかめれば、光の正体はなんと純金の粒であった。そこで妻は倉の長持ちにたいせつにしまい、吉日にはかならず香をたいて感謝の祈りをささげていた。それからというもの王家は年々、栄えたが、妻が老いて亡くなると、またたく間に没落してしまった。家人が純金の粒がおさめてある倉の長持ちを開けたところ、なかには蛍や蚰蜒《ゲジ》、朽ちた草がのこっているだけだった。

（『太平広記』所引『広古今五行記』の要約）

これはおそらくホタルの群舞をまえにして、「あの光がぜんぶ、金だったらいいのになあ」という人間の欲望に発したお話である。ホタルは王氏の妻の敬虔さに感じて純金に変化したが、彼女が亡くなったので、たちどころに本来の姿にもどってしまった。そればかりか、ホタルになるまえの腐草にもどってしまったものまでいたというわけだ。

おもしろいのは、長持ちのなかにはホタルや腐草とともにゲジがいたというところだ。このゲジはホタルの幼虫だったのではないだろうか。水生ホタルの幼虫は三対の足につづいて、水のなかで

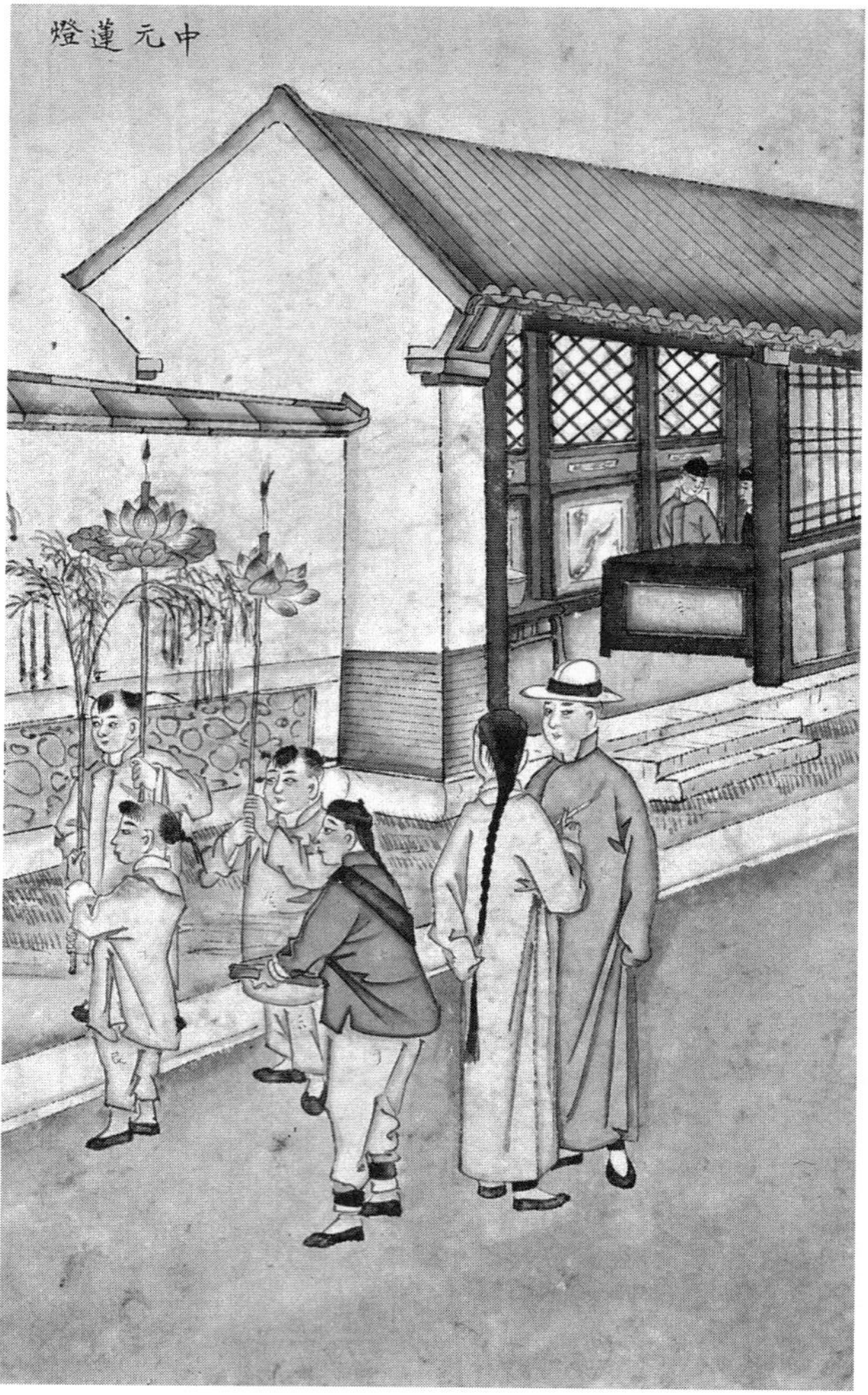
中元蓮燈

お盆の荷葉灯と蒿子灯　これらを掲げて街を練り歩くのは子どもたちの役目であり、楽しみでもあった（『北京風俗図譜』東北大学附属図書館蔵）

生活するための八対のエラがまるで足のように腹部にならんでおり、ゲジと見た目が似ている。話の舞台となった北斉の武平年間というのは六世紀の半ば。梁の陶弘景が、ホタルは「はじめは蛹《よう》のようだが、腹のしたにはすでに光があり、数日すると変化し、飛ぶようになる」と観察した（一一一ページ）のとほぼ同時代である。このころには、不十分ながらもホタルの変態は解明されていた。右の異聞の大部分はファンタジーだが、結末は当時の知識を反映したものだった可能性がある。朽ちた植物がホタルになるのは、湿熱の気《き》や大火《たいか》（さそり座の首星アンタレス）の気などの作用を受けたときだとされたが、ホタルが純金になるのは、人の善心や孝心に感じたときである。

山東省の寿光県に住む馮治運《ひょうちうん》は、母親が亡くなったあと毎夜の墓参りを欠かさなかった。兄弟たちと連れだって歩いていたある晩、街の西南のはずれまでくると、道ばたで蛍が明るさを競うように飛びかっていた。治運と兄弟たちは追いかけて捕まえたが、治運が捕った蛍は、手のなかでまたたく間に豆粒大の純金となった。彼はこれをとても大切にし、彫刻をほどこしたきれいな盒《はこ》におさめ、人のこない奥の間に置いておいた。以来、彼の暮らし向きはどんどんよくなり、やがて大富豪となった。その治運が亡くなると、にわかに金の粒のひそひそ声が聞こえてきて、家人が盒を開けたとたん、金はふたたび蛍にもどり、飛んでいってしまった。

（『寿光県志』）

ホタルは治運とその兄弟たちの孝心をはかり、日ごろから親思いの治運にだけ恵みをたれたのだった。この手の話には、ふだんから善心や孝心を養っているときっといいことがありますよという教訓がたぶんにこめられている。

ホタルの光で本は読めるか

「蛍の光」は日本の卒業式などで明治時代からうたわれてきたなじみの唱歌だ。原曲はスコットランド民謡だが、冒頭の歌詞「蛍の光、窓の雪」は、中国の故事に由来している。

今から千六百年ほどまえの東晋代のこと。車胤《しゃいん》（?～四〇一年?）は幼いころから学問が好きだったが、家は灯油を買う金にもこと欠くほど貧しかったので、夏がくると練り絹の嚢《ふくろ》に数十匹のホタルを入れて灯りにし、夜を日についで書物を読んだ。孫康《そんこう》（生没年不詳）もまた貧しく、冬は雪明りをたよりに夜ふけまで勉学にいそしんだ。苦学したかいがあって、成人したふたりは高官にまで出世した。困難にくじけず学問に励む大切さをしめす手本として、古来、中国の読書人たちが好んだ美談である。「蛍雪《けいせつ》の功」という成語もここから生まれた。

しかしそのいっぽうで、この故事には懐疑的な人も少なからずいた。ことに怪しまれたのがホタルの光である。清朝の名君・康熙帝は、『康熙字典』や『古今図書集成』を編纂させるほど学問熱心な皇帝で、みずからも万巻の書を読んだが、古典のなかには眉唾物もあるのではないか、たとえばホタルの光なんかで本が読めるものだろうかと疑いを抱いてもいた。

そこであるとき、側近に百匹あまりのホタルを捕ってこさせ、実際に絹の嚢に入れて試してみたところ、文字を判読することすらできなかったので、車胤の故事は嘘っぱちであると断じた。宣教師を身近におき、西洋の幾何学や医学、天文学、音楽までを貪欲に吸収した康熙帝らしい実証的な態度である。「腐草、蛍になる」説は儒学者らに擁護されつつ、西洋の近代科学が本格的に普及する二十世紀初頭まで揺るがなかったが、「蛍の光」の方は早くも十七世紀には妄説だと決めつけられてしまったのである。

しかし皮肉なことに、事実は逆だったようだ。天体観測の邪魔になるほど光があふれている現代になって、あえてホタルの光で本を読む実験をした人が少なからずいる。彼らの報告によれば、「読める」(見える)のだ。たとえば大型で強い光を放つタイワンマドボタルを使った実験では、二十匹程度ですでになんとか文字が判読できたという。(4) 百匹でも読めなかったという康熙帝が使ったのは、北京の紫禁城周辺に生息する光の弱い種類のホタルだったのだろうか。

「蛍の光」の故事があながち嘘でないことは証明されたが、だからといって車胤のとった方法が賞賛に値するかはべつの話だ。読めるかいなかはともかく、ホタルを光源にした読書が非現実的であることに、人びとはとっくに気づいていた。こんな笑い話がある。

ある日、孫康が車胤の家を尋ねた。留守だったので、門番に「車胤殿はどちらへ」と聞くと、答えていう。

「へえ、主人は早朝から草むらに蛍を捕りに出ておりまして」

後日、今度は車胤が孫康の家を訪ねると、庭のまんなかに孫康が心配そうな面持ちで立ち尽くしている。

「おや、机にも向かわず外でぼんやりしておいでとは。こんなに天気のいい日に、なにか気がかりでもおありですか」

「それなんですよ。どうやら今晩は雪が降りそうになくて」

（明・馮夢龍《ふうぼうりょう》『笑府』）


小さな布袋に大量に詰め込まれたホタルは当然すぐに死んでしまうから、毎日毎日、ホタル捕りにいかなければならない。のん気に勉強などしている場合ではないのである。夏のあいだはまだいいとして、それ以外の季節はどうするのか。そもそもホタルが発する光はともりっぱなしではなく、一定の間隔で明滅している。このような灯りのもとで書物を読むのはまことに難儀である。車胤の向学心は立派だが、ホタル捕りについやす労力と時間を考えたら、めったにすすめられる方法ではないのである。『笑府』は明代の末に中国古今の笑い話を集大成した本なので、すでに明末以前から人びとは蛍雪の故事を痛烈に笑いとばしていたと考えられる。

邪をしりぞける虫

ホタルを羊の皮袋に入れて土中に埋めておくと、そばを通りかかった馬は常ならぬ気配を察知して後ずさりしてしまうという。また、後漢最後の皇帝となった劉協（献帝）はホタルに救われた。わずか九歳で親族や側近たちがひきおこした後継争いに巻き込まれた彼は、夜中の荒野をさまよったおり、ホタルの光にみちびかれて無事、宮殿にもどることができたのである。このように、ホタルはなにかしら霊力を宿していると信じられていた。

この虫の霊力を借りた薬に「蛍火丸」がある。疾病・疫病、百鬼・虎狼、蛇虺《じゃき》・蜂蠆《ほうたい》の諸毒、五種の兵器による負傷・刀傷・盗賊の侵入……つまりはほとんどの凶害をしりぞけてくれるありがたい薬である。務成子《むせいし》の発明というから、起源はおそろしく古い。なにしろ務成子は神話伝説中の皇帝である尭《ぎょう》、一説には舜《しゅん》の師と伝えられる神仙なのである。

製法は、蛍火《ホタル》・鬼箭羽《ニシキギ》・蒺藜《ハマビシ》各一両、雄黄《ゆうおう》・雌黄《しおう》各二両を、焼いた鉄槌の柄で焦がし、炭にする。ついで高炉の灰と羚羊角《れいようかく》各一分半を合わせて粉末状にする。これらを卵の黄身と雄鶏のとさかの血に溶いて杏仁《きょうにん》ほどの大きさに丸める。この丸薬を五粒、赤い三角形の布袋に入れ、ふだんは左の二の腕につけ、従軍するときは腰に結ぶ。また家にいるときは戸口のうえに掛けておくと、上述したあらゆる凶害から身を守ってくれるのである。

漢の冠軍将軍にして武威の太守をつとめていた劉子南は、道士の尹公《いんこう》について道術を学び、この

「蛍火丸」の秘方を伝授された。教えを守り、自分で作った霊薬をつねに身に帯びていたところ、永平十二(六九)年、胡人が武威郡に侵攻してきたときに、ついに威力を発揮した。

劉子南は兵を率いて出陣したものの激戦のすえに敗れ、軍隊は壊滅状態となった。兵士たちはちりぢりに逃げ出し、子南ひとり敵軍に包囲され、孤立無援となってしまった。しかし敵の矢が彼にむかって雨あられと降りそそいでも、どれも子南の手前数尺のところでばらばらと落下し、一本としてとどかなかったのである。これを見た胡人たちは、劉子南は神人にちがいないと考え、包囲網をといて撤退した。

李時珍は、ホタルが邪をよくしりぞけるのは、幽暗を照らし、夜間に明るく光るというこの虫の性によると解説している。同じ理由で、ホタルは青盲(緑内障)の治療薬にも使われた。十四匹のホタルを大鯉の胆のなかにおさめ、百日間、陰干しにしたあと粉末にする。これを少量ずつつけると、目が見えるようになるという。

空前絶後のホタル狩り

ホタル狩り。中国語にはこの風流な日本語に相当する言葉がなく、文脈にあわせて捕蛍(ホタル捕り)とか観蛍(ホタル観賞)などと即物的に訳すしかないのだが、かわりに「流蛍」という美しい表現がある。飛びかうホタルのことで、闇のなかを静かに流れる無数の不規則な光跡をほうふつさせる。中国人もまたホタルを追ったり愛でたりすることを楽しんだのである。

史上最大のホタル狩りをおこなった人物といえば、暴君として知られる隋の第二代皇帝・煬帝《ようだい》だ。洛陽に東都を築いた彼は家臣に命じて数斛《ごく》のホタルを集めさせ、夜遊びに出たときにいっせいに放たせた。斛というのは大型の四角い升で、煬帝の時代の一斛はおよそ二十リットルである。それが数斛というのだから、いかにおびただしい数であったか。おそらく洛陽中の人民がホタルの採集にかりだされたことだろう。皇帝は山野に明滅する蛍火を一望し、おおいに喜んだという。

煬帝は土木事業に熱心な皇帝だった。在位わずか十四年のあいだに洛陽に東都を造営したほか、万里の長城の修築、大運河の建設などを相ついで敢行した。なかでも運河建設は、万里の長城とともに中国二大土木事業と称されるほどに大規模なものだった。歴代の政権が開鑿した運河と天然の河川をつなぎ、北の涿《たく》郡（北京）から南の余杭（いまの浙江省杭州）を貫く大動脈をつくりあげたのだ。これによって江南の豊かな物資を華北に運んだり北の兵士を南に移送したりが可能になり、文化の往来もさかんになった。国家の統一と発展のためには有益な土木事業だったのだが、婦女子をふくむ数百万の民衆を動員した苛酷な工事だったため、煬帝の功績は長らく評価されなかったばかりか、自身が江南の華やかな生活を享楽したいがために大運河を開いたのだろうと後世までいわれつづけた。

事実、煬帝は江南に強いあこがれを抱いており、通済渠《つうさいきょ》（大運河のうち、黄河と淮《わい》水を結ぶ水路）

が開通した直後の大業元（六〇五）年、四階建ての豪壮な龍船に乗り込み、大船団をひきいて南下したのをかわきりに、三度も江都（いまの江蘇省揚州）に行幸している。運河沿いにはえんえんと柳を植え、四十あまりの離宮を建てたうえ、江都にもまた、壮麗な宮殿や庭園を築造し、痩西湖のほとりにはわざわざホタルを放つための「蛍苑」までもうけた。ここでも洛陽にいたとき同様、何万匹ものホタルを集めさせ、夜毎、妃嬪をひきつれて大がかりなホタル狩りを楽しんだのだった。蛍苑に放たれた無数の流蛍は、さながら銀河のようだったという。

煬帝が最後に江都におもむいたのは大業十二（六一六）年である。あいつぐ大土木工事と、いずれも失敗に終わった三度の高句麗遠征などで人民は疲弊し、各地に叛乱の火の手があがっていた。完全に求心力を失い、長安や洛陽の都を捨てての逃避行だった。このときの皇帝は、いつ首を落とされるかもわからぬ不安からノイローゼになり、命あるうちに現世の快楽を味わい尽くさねば損とばかりに、以前にも増して酒色に淫する毎日を送っていた。結局、クーデターを起こした家臣にくびり殺されるまでの二年近くを江都で過ごしたのであるが、亡国を待つばかりの夜々、ホタル狩りをした皇帝は流蛍をどのような思いでながめたのだろうか。

晩唐の詩人李商隠は、煬帝の過ぎ去った栄華を「今《いま》に于《お》いて腐草《ふそう》に蛍火《けいか》無《な》く　終古《しゅうこ》垂楊《すいよう》に暮鴉《ぼうあ》有り」（「隋宮」）と詠んだ。ホタルに変化するという腐草はあっても、皇帝のために捕りつくされたホタルの姿はもはやどこにもなく、ただ煬帝が運河沿いに植えた枝垂れ柳に夕暮れのカラスが止まっているばかり、というなんとも無常を感じさせる詩である。

しかし、じつのところ、揚州のホタルは煬帝の派手なホタル採集によって絶滅したわけではなかった。清代にいたってもなお、揚州のホタルの名所だったようである。揚州の見聞記『揚州画《ようしゅうが》舫録《ぼうろく》』（李斗）によると、北郊にはこの時代にもホタルがたくさん生息しており、土地の人はガラス繊維を編んでこしらえた提灯のなかに虫を入れ、これを蛍火虫《ホタル》灯《ぢょうちん》と呼んで売っていた。提灯のかたちは四角や丸などの単純なものから六角形、八角形、遊覧船、宝塔と意匠を凝らしたものまでさまざまあり、『揚州画舫録』の著者が見た十八世紀末頃にはホタルのかわりにろうそくを入れたものも増えていたけれど、毎晩、竿の先につるして灯しておくと、物見遊山の客が土産に買っていったという。

（1）南宋・戴侗『六書故』
（2）清・譲廉『京都風俗志』
（3）清・敦崇『燕京歳時記』
（4）朱耀沂『成語動物学』

蜂 〈ハチ〉

王さまの珍味

人類は古来、ハチのさまざまな恵みを享受してきた。中国でもハチの巣から蜜やロウをもらい、ハチの毒や巣を医薬品とし、ハチのからだそのものを食べもしてきた。ハチと中国人とのかかわりがいつごろ、どのようにはじまったのかはよくわかっていないが、おそらく悠久の昔にさかのぼるだろう。

『礼記』内則は、「范《ハン》」が人君の日常の食べものだったと述べている。范とはミツバチのことであり、秦漢以前、ミツバチが食用昆虫となっていたことがわかる。人君のふだんの食卓に供されていたとはいえ、大夫や士のメニューには「范」の記載がないところをみると、最高権力者だけが口にできる高級珍味だったようだ。

食用にしたのはおそらく成虫ではなく幼虫だ。後漢末に成立したとされる中国最古の薬物書『神《しん》農本草経《のうほんぞうきょう》』は、「蜂子《ほうし》」（ハチの子）を顔の色つやをよくし、老衰を防ぐ上薬に分類している。上薬というのは、無毒で、長期間服用したり食べすぎたりしても副作用がないばかりか、養命効果にすぐれた薬のことである。古代の君主は知ってか知らずか、嘉肴であると同時に保健薬でもあるハチの子を常食していたわけだ。

唐代の末には、ハチの子は商品として流通していた。広州司馬をつとめた劉恂《りゅうじゅん》が、宣歙《せんきゅう》（宣州と歙州。どちらもいまの安徽省）で取材したハチの子採取と加工の様子を地理雑記『嶺表録異』に書きのこしている。

大蜂は山林中に房をつくる。大きさは巨大な釣鐘ほどもあり、なかは幾層にもなっている。土民がそれを採るときは、毒螫《どくせき》から身を守るためにかならず藁などをまとい、さらに煙火で燻して蜂を追いやってから、勇敢に絶壁や木によじ登り、蔕《へた》を断ち切るのである。

そのようにして採ったひと房のなかには、蜂の子が五、六斗から一石ほども入っているので、塩で炒って天日干しにする。これを当地の物産として都に送るのである。ただし房中の蜂の子の三分の一はすでに翅《はね》や脚ができあがっているので使いものにならない。

大蜂とはスズメバチのことだ。現代でもオオスズメバチなどの巣の除去は専門業者がものものしい防護服に身をつつんで挑む危険な作業だが、唐代の宣州や歙州あたりの地元民は蓑や蓑帽子をつけ、煙火片手に断崖をのぼったり伝い降りたりして、ハチの猛攻をよけながらひと抱えもある巣を採取していた。

命がけの任務を完遂したあとにも、めんどうな仕事がまっている。巣のなかは数層の巣盤からなり、各層に幼虫や蛹がぎっしり詰まっているので、それらを一つひとつ根気よく抜き取っていかなければならないのだ。しかもまだ翅や脚のかたちができるまえの、ぶよぶよと太った乳白色の幼虫だけを丹念により分ける。一石ものハチの子を擁する巨大な巣となれば、数人がかりでのぞまなければ終わらないだろう。唐代の一石はおよそ六十リットルだ。こうして規格にあったものだけを塩炒りし、干しあげて都に送ったのだという。

危険で難儀で手間ひまのかかる一連の作業は、テレビなどで目にするアナツバメの巣の採取を連想させる。ツバメの巣は広東料理の高級食材だが、スズメバチの子もまた、都の美食家たちのぜいたく品だったことが想像できる。ではハチの子はもっぱら上流階級や富家の美食だったかといえば、そんなことはない。北宋代の薬物学者・蘇頌は、江東地方では世人が「土蜂」や「木蜂」の子を食すといっている。これらのハチは穴居したり地中に巣をつくるというから、マルハナバチやクロスズメバチではないかと推測されるが、種類ははっきりわからない。いずれにしても長江下流域の住民は、ハチの幼虫をふつうに食べていたのだ。古代の庶民生活はめったに記録にのこらないが、君主や都人のために採取と加工をになってきたのが庶民なら、彼らもまた美味くて滋養になるハチの子を食べていたと考えるのが自然だ。

蜜の誘惑

『本草綱目』によれば、古代の子どもたちはよく「竹蜂」の成虫を叩き殺して食べていた。竹蜂はからだの大きさが小指の頭ほどで黒く、竹木に穴をうがって棲む、クマバチのなかまである。このハチは腹中に濃厚な蜜をたくわえており、子どものお目あてはおやつがわりに、当時としては貴重な蜜を味わうことだった。

中国人がハチと蜂蜜のいずれを先に口にしたかはさだかでないが、どちらかを賞味した時点で、もう一方の美味なることに気づくのに、さほど時間はかからなかっただろう。人君のハチの子食についてしるした『礼記』は、中国人のハチの子食を記録したもっとも古い書物でもあるのだが、同時に蜂蜜についても言及している。子や嫁が父母・舅姑につかえる心得のひとつとして、朝食の粥や吸い物などは棗・栗・飴のほか、（蜂）蜜などで甘くしてさしあげることが書いてあるのだ。

このように蜂蜜は紀元前から調味料として使われていたほか、菓子の材料や飲料にもなっていた。中国南方の古詩集『楚辞』に「招魂」（紀元前三世紀ごろ、屈原または弟子の宋玉作）という作品がある。肉体を離れてさまよう死者の魂を慰め、呼びもどすため、故郷の魅力的な事物をいくつも列挙しているのだが、そのなかに「粔籹《きょじょ》」「蜜餌《みつじ》」「蜜勺《みっしゃく》」といった食べものの名がみえる。「粔籹」は餅粉や小麦粉を蜂蜜で練り、輪の形にして揚げたかりんとうのような菓子、「蜜餌」は蜂蜜をからめた団子、「蜜勺」は食後にふるまう蜂蜜入りの飲料である。

また後漢末の武将・袁術（?〜一九九年）は、仲王朝を興し、一度は皇帝を自称するほど勢力をのばしたが、人望も能力もなく、呂布や曹操に相次いで攻撃され、逃亡の身となったあげく病にたおれる。盛夏のこととて蜜水を所望するも、食料も底をついて兵士たちは飢えにあえいでいるというのに蜜などないと部下に告げられると、「わしもここまで落ちぶれたか」と悲憤し、一斗あまりの血を吐いてこと切れたと伝えられる。当時、蜂蜜入りの菓子や飲料は、遊離魂やいまわのきわにある人さえ恋々とする魅惑的な食品だったのだ。

このため蜂蜜は、貢ぎものや外交上の贈りものにもなっている。

漢代、いまの広東・広西の地に存在した南越国が、漢に帰順を誓い、文帝（劉恒。前一八〇～前一五七年在位）に桂蠹《けいと》を献上したと『漢書』にはしるされている。『漢書』を注釈した唐の顔師古（五八一～六四五年）によると、桂蠹というのは辛い肉桂の木を食う虫（おそらくカミキリムシなどの幼虫）で、虫自体にも辛味があるため蜂蜜漬けにする。これはたいそうな珍味で、隋代にも始安（いまの桂林）から四瓶が皇帝に献上されている。「蜜に漬けると紫色になり、辛味があって美味い。これを食えば痰飲疾（水液代謝の異常）が除去される」という。(1) また日本と親密な交流があった渤海国（六九八～九二六年）は、奈良時代、わが国に蜂蜜そのものを贈っている。

唐代ごろまでトップ外交の遣いものとして活躍していた蜂蜜は、宋代には国内の上流階級の贈答やもてなしに使われるまでに普及した。

北宋の時代、法名を仲殊といったが、五穀を口にせず、いつも蜂蜜をなめていたので蜜殊と呼ばれた僧がいた。あるとき、この僧が詩人の蘇軾ら数名を精進料理でもてなしたのだが、豆腐、生麩、牛乳など、でてくる料理でてくる料理ことごとく蜂蜜漬けだったので、客人たちの箸は進まななくかったという。[2]このころには、蜂蜜はもはや、ひたすらありがたがっておしいただく食品ではなくなっていたようだ。

ところで客人のなかでただひとり、蘇軾だけは「うまい、うまい」と舌鼓を打っている。蘇軾はおおどかで詩才のあるこの禅僧を敬愛し、「安州の老人が蜜を食らう歌」（仲殊は安州――いまの河北省安新県の出身だった）まで作っていたが、蜂蜜尽くしの料理をたいらげたのは彼への気づかいからではなかった。蘇軾もまた、子どもの時分から毎日、蜜をなめていたほどの甘党だったのである。黄州に左遷されていたときには、西蜀の道士・楊世昌から蜂蜜酒《ミード》のつくり方を教わり、みずから醸造したとも伝わっている。

また南宋の時代の宮中では、大晦日になると、しかるべき部署から夜食の蓋物が献上された。蓋物には、さまざまな季節のくだもののほか、蜜餞、糖餞などが詰め合わせてあった。[3]このうちの蜜餞というのが、果肉を蜂蜜で煮詰めたり、蜂蜜漬けにした菓子である。

ハチの巣が薬に

幼虫や蜜をとるためにハチの巣をまるごと採取していた古代中国人は、ほどなく巣そのものも利用しはじめる。

スズメバチ科のハチの巣は薬になった。スズメバチが朽木や樹木をかじりとり、唾液と混ぜ合わせてつくるパルプ質の巣は雨や風にさらされても壊れることなく、むしろ風露にあたったものほどよいとされ、「露蜂房」という薬名がついている。『神農本草経』では中薬に分類されている。中薬というのは、養生の効果がある一方で副作用がでる場合もあり、使用には注意が必要な薬である。露蜂房はスズメバチの強毒をもって、病気をひきおこす邪気や鬼精、蠱毒を攻めると考えられていた。このため人家の軒先にかかるようなちんまりした巣ではだめで、体長が一寸はある、牛馬や人を斃すほどの大バチが山中の樹上につくった、甕くらい、せめて桶くらいの大きさのものでなければならないと主張する医家もいた。

処方は症状によってさまざまある。たとえば小児のひきつけには、大きな巣一個を三升の水で煎じた汁で日に三、四回沐浴させる。頭痛をともなう歯の痛みには、黒焼きにした露蜂房を粉末にし、少量の酒にといて口をすすぐ。サナダムシやカイチュウをくだすときは、これをひと匙、酒で服すると死んで出てくるという。

蜂蜜より貴重な蜜ロウ

蜂蜜の採取と相前後して、おそらく蜜ロウの採取もはじまった。ミツバチの巣は、働きバチが腹部から分泌したロウを原料にできている。だから蜂蜜をしぼりとったあとの巣を鍋のなかで煮るとロウが溶けだし、冷えると水は下に、比重の軽いロウは上に分離して固まる。あるいは巣を真夏の炎天下に放置しておくだけでもロウが溶けてやわらかくなってくる。古代の人びとは、ミツバチの巣から蜜をとっているうちに、ごく自然にロウの存在にも気づいたと想像できる。

蜜ロウが文献にあらわれるのは、閩越《びんえつ》国の王が高帝（劉邦）に蜜燭二百枚を献上したと『西京雑記』にあるのが最初である。前漢の都西京（長安）の逸事をしるしたこの書は、後代の人が伝聞をもとに書いたもの（たとえば晋の葛洪が作者とされる）だが、記述のとおりであるなら、紀元前二百年前後、いまの福建省のあたりで蜜ロウのロウソクが製作されていたことになる。蜜ロウは蜂蜜よりもさらに収量が少なく、漢帝国皇帝への貢ぎものにするにふさわしい希少な品だったはずだ。高帝はおおいに喜び、使者にほうびをたんまりたまわったという。

晋代には蜜ロウで印章が作られている。これは実用のための印ではなく、死者に官位を追贈するときに授けるもので「蜜印」とか「蜜章」とよぶ。太康四（二八三）年に竹林の七賢のひとり山濤が七十九歳の天寿をまっとうしたとき、晋の初代皇帝・武帝（司馬炎）は、生前の彼が任命されながら固辞していた司徒の官位を追贈し、蜜印紫綬を授けている。(4)

古代の官吏は支給された官印に綬（組みひも）を通し、腰にぶらさげていた。任官することを「印綬を帯びる」というのは、ここからきている。印材には玉・金・銀・銅の別があり、綬にも紫、青、黒、黄など色による等級があったので、印綬をみれば、ひと目で位階がわかる。なかでも金印紫綬は宰相クラスが帯び、高官顕爵のあかしであった。こうした現世でのしきたりになぞらえて、山濤には蜜ロウでできた印章と紫綬を贈ったのだった。

蜜ロウ製の印章が皇帝印の場合はとくに「蜜璽《みつじ》」といった。これも実用印ではなく、皇帝を埋葬するときに副葬する明器の一種だった。泰始四（二六八）年に武帝の母・文明皇后が亡くなり、三年前に没した父・司馬昭と合葬することになった。そこで武帝は崇陽稜を開けてねんごろに供養し、父に蜜璽をささげている。(5) 父は没後、皇位を追贈されて文帝と諡《おくりな》されていたからである。

このように晋代の蜜ロウは高貴な人の葬具や明器など、特殊な用途にかぎられていた。ロウソクも登場しているが、これもまだごく一部の特権階級だけにゆるされたぜいたく品だった。どれほどのぜいたく品だったかといえば、こんな話が伝わっている。

晋朝の官僚に石崇《せきすう》（二四九～三〇〇年）という大金持ちがおり、武帝の叔父である王愷《おうがい》（生没年不詳）と事あるごとに贅をきそっていた。王愷は甥っ子の武帝からなにかと援助があり、あるときなど、高さが二尺もある見事な枝ぶりの珊瑚樹をたまわった。この珊瑚樹を石崇に自慢したところ、石崇は見終るや鉄の如意でこなごなに打ち砕いてしまった。

「わたしの宝物がそんなにねたましいか」

色をなしてなじる王愷に、石崇は涼しい顔をしていう。

「まあまあ、落ち着いて。すぐに弁償してあげるから」

側近に命じて自分が蔵する珊瑚樹をもってこさせ、ずらりと並べてみせた。高さ三、四尺、武帝下賜の珊瑚樹をしのぐ、目もくらむばかりの逸品が六、七本あった。

「このなかから気に入ったものをとりたまえ」

王愷はあっけにとられ、言葉もなかった。完敗だった。

そんなふたりが、べつのあるとき、飯のたき方で争った。王愷が糒《ほしいい》で釜をたいたと聞き、石崇は豪勢にロウソクをたきぎ代わりにして米をたいてみせたのである。[6] じつにばかばかしい見栄の張り合いだが、この時代の蜜ロウの価値がうかがえるエピソードである。

薬のカプセルに使われている蠟丸

唐代を照らしたロウソク

そんな蜜ロウが実用品になったのは唐代に入ってからだ。たとえば外気や湿気を遮断するのに活躍した。溶かしたロウで甕の口を密封したり、球形のカプセルに成型して薬を閉じ込めたりした。このカプセルは「蠟丸《ろうがん》」といい、しばしば盗み読みを防ぐために機密文書もしのばせた。大暦元（七六六）年、華州節度使の周智光に謀反の疑いありと察した代宗が、重臣の郭子儀に智光討伐を命じる「蠟書」を送ったことが『新唐書』にしるされている。この蠟書というのは、蠟丸に封じた密書のことである。

かつて漢帝国皇帝への献上品だった蜜ロウ製のロウソクも、唐代には上流階級の生活に浸透した。これを反映して、絵画や詩にもロウソクが描きこまれるようになった。中宗の子・懿徳《いとく》太子や永泰《えいたい》公主の墓（ともに陝西省乾県）の壁画は、衣装や髪型に趣向をこらした女官たちがずらりと並び、唐代のモードや風俗を伝える貴重な資料にもなっているが、そのなかに大きなロウソクを挿した燭台をささげもつ女官も描かれている（口絵参照）。ロウソクは、当時としてはおしゃれでモダンなアイテムだったはずだ。

唐詩のなかのロウソクは、寝室の雅やかなしつらいや、心を寄せる妓女と楽しくゲームに興ずる宴、時のたつのも忘れて書物を調べる夜など、貴人たちの生活を生きいきと照らしだす。李商隠の『夜雨 北に寄す』は、巴山（四川省）にいる詩人が遠くはなれた長安の都で待つ妻、一説には愛人にあてた詩で、「いつになったら、あの西の窓辺であなたとともに蠟燭の芯を切りながら語り合えるだろう」と書き送っている。ロウソクは長時間、燃やしていると、炭化した芯が長くのこり、炎が大きくなってすすけてしまうので、ときおり芯切りをする必要がある。つまり「蠟燭の芯を切りながら語り合」うとは、長時間、語り明かすことをあらわしているのだ。この詩句の読み手が、ただちにそうしたことを了解できるほどに、ロウソクの芯切りが日常的な作業になっていたことが知れる。

ロウソクが燃えるときにたらすロウのしずくを「蠟涙」などと呼び、涙に見立てる例は南北朝詩からあるが、唐代の詩には、しばしば見られるようになった。「蠟炬《ろうきょ》灰となりて　涙始めて乾く（ロウソクは燃え尽きるまで涙を流し続ける）」（李商隠「無題」）、「蠟燭心有りて　還《かえ》って別れを惜しみ人に替わりて涙を垂れ　天明に到る（ロウソクにも心があるのか、やはり別離を惜しんで私にかわり涙を流し、いつしか夜が明けてしまった）」（杜牧「贈別」）などの比喩が多用されるようになったのも、ロウソクがいちだんと身近になったことと無縁ではないだろう。

中唐の詩人韓翃《かんこう》の『寒食』は、寒食節の都の情景を切りとっている。寒食というのは冬至から百五日目の節日で、その昔、この日と前後の三日間は火の使用を禁じ、冷えたものを食べなければならないとされていた。しかし身分の高い者はこのかぎりでなく、夕方になると宮中では火をともし、火種を取って王族や重臣の家に伝えるのがならわしだった。「日暮れて漢宮より蠟燭を伝え　軽煙　散じて五侯の家に入る」という句が、御殿からの使者がロウソクの煙をたなびかせながら権家に入っていくさまを浮かびあがらせる。

本来、朝廷ではヤナギの枝に火をつけて近臣にたまわったものだが、韓翃の詩からはロウソクの火が下賜される場合もあったことがわかる。おそらくロウソクが上流社会で使用されだした唐代ならではの新習慣だろう。韓翃の『寒食』は権臣、とくに宦官の横暴を諷刺した詩でもあり、高価なロウソクは特権階級を象徴するものにもなっている。

養蜂のはじまり

希少価値の高かったハチの子や蜂蜜、蜜ロウが上流社会に普及するようになった背景には、ミツバチの人工飼育技術の進歩がある。大自然のなかでハチを焼き殺して巣を略奪していた人間は、成虫を生かしておいて再生産能力を活用した方が得策だということに気がついた。

山野で自然巣を見つけたら煙で働きバチを追いはらい、巣を半分だけもらうという控えめな方法からはじまり、見つけた巣に自分の所有物であることを示すマークをつけて管理するようになる。やがて木の洞にある巣を幹ごと伐りとってもちかえり、自家の庭先に、巣の高さや出入り口の方角をなるべく野生状態と変わらぬように設置した。さらに木桶や土器で人工の住まいを用意し、ハチを誘い込む方法が編みだされる。これらは世界各地の養蜂の初期段階とほぼ同じだろう。

歴史に名がのこっている中国最初の養蜂家は、後漢代の姜岐《きょうき》という隠者である。『高士伝』(西晋・皇甫謐《こうほひつ》)や『後漢書』(南朝宋・范曄《はんよう》)に名が見える。漢陽郡上邽《じょうけい》県(いまの甘粛省天水市)の人で、二世紀に実在していたらしい。彼は経書を学んで修養をつんだ郡の名士であった。清廉で人望もあつく、名声はおのずと聞こえて官職への誘いがたびたびあった。しかし、ときに仮病をつかってまでかたくなに仕官をこばみ、ついには自宅の田畑を兄弟にゆずって隠棲してしまい、ハチやブタの飼育をたつきとして一生を送った。
隠棲といっても孤独にひきこもっていたわけではなく、彼をしたう多くの山里人に飼育の技術や知識をおしげもなく伝えたので、土地で養豚や養蜂をなりわいにした者は三百人をくだらなかったという。姜岐が教えたハチの飼育がどのようなものだったのかは伝わっていないが、二世紀ころには、養蜂がまがりなりにも仕事として成り立ち、伝授するべきなにがしかの技術が確立していたとみえる。

三世紀には、素朴な養蜂箱が登場している。『博物志』（西晋・張華）によると、人里を遠くはなれた山間部に何軒かの養蜂農家があり、彼らはハチが出入りできる小さな穴をうがった木桶でミツバチを飼っていた。桶の内外には蜜ロウをまんべんなく塗りつけておき、春、ミツバチの繁殖期になったら二、三匹を捕らえて桶のなかに放つ。いく晩かでハチはいずこかへ飛び去ってしまうが、まもなくなかまを引きつれてもどってくるという。

春から夏、ミツバチは新女王バチが誕生する時季になると、分封（分蜂ともいう）といって古い女王バチが巣をゆずり、働きバチの群れとともに引越しをする。これはその一群を木桶に誘引して営巣させる方法である。山人たちはミツバチが分封することを知っており、この習性を利用した半人工飼育をおこなっていたようだ。五世紀の永嘉（いまの浙江省温州）の役人・鄭緝之《ていしゅうし》も、同地における野生バチの誘い込みについてしるしており、こちらは木桶にロウではなく蜜を塗っている。[7]

木桶に蜜ロウや蜂蜜を塗るのはハチを誘引しやすくするためで、現代でも養蜂家がおこなっている方法だ。

唐代の末には、養蜂人口はかなり増えていたようだ。一年の農事を月ごとにまとめた『四時纂《しじさん》要《よう》』（韓鄂《かんがく》）の六月の項には、「小豆を蒔く」「大根の種を蒔く」などとともに「採蜜する」という作業もふつうに列記されている。

元代の終わりから明代のはじめにかけて、養蜂は長足の進歩をとげている。『郁離子《いくりし》』という本に、養蜂にたけた老翁の話「霊邱《れいきゅう》の丈人」がある。そこに描かれた飼育の様子はつぎのようなものだ。

老翁の養蜂園には小屋が建ち、番人がいた。養蜂園では丸太をくり貫いて巣箱としていたが、隙間があいたり腐ったりしているものはひとつもなかった。巣箱は、新旧の順番を考慮しながら一定の間隔で設置し、置く方位や、蜂が出入りする窓の向きもきちんと決まっていた。巣箱二十五個を一列として、列ごとにひとりが世話を担当する。

蜜蜂の繁殖状況を観察しながら巣箱内の温度を調節したり、巣箱を置く台を補強したり、時機を見はからって蜂の出入りする窓を泥でふさいだり開けたりする。蜂が増えすぎたら群れを分け、減ってきたらまとめ、蜂王が二匹にならないようにする。蜘蛛や蚍蜉《ひふ》（オオアリ）を駆除し、土蜂や蝿豹《ようひょう》（ハエトリグモ）を退治する。夏は強い日差しに晒さず、冬は凍えないようにした。つむじ風が起きても揺るがず、大雨にあっても水が入り込むことはなかった。

採蜜のときは余剰分だけを採るので、蜂が力尽きてしまうことはなかった。おかげで、もとからいた蜂は穏やかに落ちついており、新入りの蜂も安心して繁殖した。

そのようにしてこの養蜂名人は、居ながらにして毎年、数百斛《こく》の蜂蜜と大量の蜜ロウを収穫し、王侯貴族に比肩しうる富を築いたという。

『郁離子』というのは、明の初代皇帝朱元璋につかえた名臣・劉基（一三一一～一三七五年。字は伯温）があらわした政治寓言集である。右の話も、人民を治める者の心得を養蜂にたとえて説いたものなので、老翁が実在した養蜂家かどうかはわからない。しかし飼育の描写が同時代の知識を反映していることはたしかだろう。元末から明初にかけての養蜂は、専門の養蜂場をそなえ、温度管理や害虫対策をきちんとほどこし、人の手で分封もおこなっていた。山野から自然巣をとってきて軒下で管理していた半人工飼育から、ほぼ完全な人工飼育に移行していたことがわかる。

それでも明末の産業技術書『天工開物』（宋応星）は、野生のハチが岩山や洞穴に作った自然巣から採れる蜜が八割を占め、養蜂で収穫する蜜は二割にすぎないと書いている。明清代には、古来の経験を集約した指南書が数多く書かれたが、中国の養蜂が産業として成り立つようになるには、西洋から近代養蜂が入ってくる十九世紀を待たなければならなかったのである。

ハチの科学

古代中国人はハチの生態を仔細に観察していた。とくに経済昆虫のミツバチについては、自然巣を利用していた時代からよく研究し、人工飼育がはじまると試行錯誤をかさねながら、いっそう理解を深めていった。

晋代には、花の蜜を集める、堅固で精巧な巣をつくるといったミツバチの特性にくわえ、社会性に目をとめている。博学多才な文人・郭璞《かくはく》（二七六〜三二四年）は「蜜蜂の賦」で、「門衛の守りは鉄壁のごとく固く」「兵士の招集は伝令より素早く」「大君は郡民を統治している」と国家のように統制のとれたミツバチ社会を描いている。

宋代になると、蜜源となる植物によって蜜の味や色が決まること、南北では植生が大きく異なるので、当然、蜜の香味にも影響することなどがわかってきた。北宋時代の科学者・蘇頌は、宣州の黄蓮蜜は黄色く苦味がある、雍洛《ようらく》地方の梨花蜜は凝脂のように白い、亳州《はくしゅう》の太清宮の檜花《かいか》蜜は赤みがかっている、柘城《たくじょう》県の何首烏《かしゅう》蜜はさらに赤味が強いなど、蜜源植物ごとの微妙な違いを明らかにしている。

そればかりか特定の花蜜を愛好する風潮も生まれていた。南宋の詩人・陸游は『老学庵筆記』に

「亳州の太清宮には檜がはなはだ多く、開花の時期には数えきれないほどの蜜蜂が飛びまわる。その蜜はたいそうかぐわしく、味はほんのり苦い。これは檜花蜜といって、まことに得がたいものである」と書きしるしている。

ハチの王はオスかメスか

宋代には女王バチについての理解もすすんだ。詩人の王禹偁《おううしょう》（字は元之。九五四～一〇〇一年）は文集『小畜集』のなかで、女王バチとそれをとりまくハチ社会について、ハチの王は一般のハチよりも大きくて毒がない、（働きバチが）巣を築くときはかならず台をひとつつくる、世間ではそれを王台と呼んでいる、王は台のなかに子を産む、王子はすべて王となり群れをわけてよそに移住する、王を失うとハチの群れは乱れ崩壊する……などとしるしている。

女王バチにも刺針はあり、たとえば人間が危害を加えようとすれば攻撃してくることもあるし、ミツバチの巣に複数の女王バチが同時に育ったときには、最初に生まれたハチがライバルの妹たちを刺して斃す。しかし女王バチ本来の役目は子孫繁栄のためにひたすら卵を産みつづけることなので、なにもしない人や動物を襲うことはほとんどない。そこで当時の人は王には「毒がない」と解したのだろう。

王台は女王バチを育てるために働きバチがつくる特別な部屋だ。王台に産みつけられた卵から孵化した幼虫はロイヤル・ゼリーをあたえられて成長し、女王バチになる。『小畜集』は、この部屋を世間では王台と呼んでいるといっており、現代の中国や日本の養蜂でも使う王台という言葉は北宋代からすでにあったことがわかる。『小畜集』はまた、「王台を針で刺し貫くと（なかの）王子は死に、巣わかれは起こらない」とも書いており、新女王バチとなる幼虫を殺して人工的に分封を抑制していたこともうかがえる。

ところで、中国語では女王バチのことを「蜂王」という。もちろん現代中国人は「王」がメスであることを知っている。しかし、古代中国人はハチが社会性昆虫であることは理解していたけれども、蜂王の性別をどこまで認識していたかがはっきりしない。

『小畜集』をあらわした王禹偁は、ハチの王は王台に子を産むと書く一方で、「王の無毒なるは徳をもって君主となるに似ている」とか「王の子がまた王となるは一姓一君、上下に定めがあるに似ている」など人間の皇帝になぞらえているだけで、王がメスだとは明言していない。李時珍も『本草綱目』で、ハチのオスは尾が鋭く、メスは尾がふたまたになっており、交尾をすると黄色が褪せるなどと、ハチにオスメスの別があり交尾をすることまで述べているのに、蜂王の性別については触れておらず、ミツバチの群れは朝夕二回、王のもとに参集し伺候する、とこれまた人間の君臣に見立てた古来の言説を繰り返しているだけである。

悠久なる中国の歴史で皇帝となった女性は武則天ただひとり。昆虫の世界といえども女王が君臨している社会は想像しがたかったということか。

養子をとるハチ

はなからメスがいないと勘違いされ、三千年ちかくそう信じられてきたハチもいる。ジガバチだ。勘違いのもっとも古い記述は『詩経』の小雅「小宛」にみえる。

螟蛉《めいれい》に子あり。蜾蠃《から》これを負《お》う。

「螟蛉」とはアオムシのことだ。「蜾蠃」はジガバチの別名で、「土蜂」「細腰蜂」「蒲盧《ほろ》」「蠮螉《えつおう》」などとも呼ばれている。右の一節は「アオムシの子があれば、ジガバチはこの子を引き受けて養い育てる」という意味である。

いまではよく知られているように、ジガバチはアオムシに毒針を刺して麻痺させたうえで、地面に掘った穴に引きずりこみ、そのわき腹に卵を産みつける。穴のなかで孵化したジガバチの幼虫は、生きるでも死ぬでもなく眠らされているアオムシを食べて成長し、食べつくしたところでさなぎになって、数日後に羽化して穴からでてくるのである。つまりジガバチはアオムシを自分の子のエサに利用しているのだが、古人は、アオムシが穴に引きずりこまれたと思ったら、ある日、同じ穴からハチがでてきたのを見て、アオムシがジガバチになったのだと思いこんだ。

くわえて、ジガバチの親はアオムシに卵を産みつけたあと、穴の入口を砂や小石でふさいでから飛び去る。古人はその作業の際にハチがたてる羽音を「我に似よ、我に似よ」と聴きなし、穴のなかのアオムシがわが子に変化するように、外から呪文をかけているのだと考えた。

『詩経』はいにしえから信じられているこの俗説をたとえに引いたうえで、「爾《なんじ》の子《こ》を教誨《きょうかい》するに 穀《よ》きを式《もっ》てこれに似《に》せしめん（我に似よと教え込むジガバチのように、善道をもって汝の子を教えさとし、みちびくのだ）」とつづけている。

孔子が編纂したと伝えられるこの中国最古の詩集は、インテリたちが熱心に読みこんできた儒家必読の書である。意見を述べたり、ものを書いたりするのに、『詩経』を引用するのは教養人のあかしでもあった。「小宛」という詩の眼目は、うえに立つ者が自身の徳をもって民を教化する大切さを説く「爾の子を教誨するに 穀きを式てこれに似せしめん」の方にあったのだが、「螟蛉に子あり。蜾蠃これを負う」というたとえ話もセットでそらんじられ、民間だけでなく、真実が究明されないまま大学者にまで俗説が広く信じられるようになってしまったのだった。

前漢末の文学者・揚雄（前五三〜後一八年）もまた著書『法言』で、「螟蛉（アオムシ）の子が死に、それに蜾蠃（ジガバチ）がでくわした。蜾蠃が〝我に似よ、我に似よ〟と祈ったところ、しばらくして螟蛉の子は蜾蠃そっくりになった」ともっともらしく語っている。儒教の代表的な経典

『中庸』では、魯の哀公に政治の要はなにかを問われた孔子が「夫《そ》れ政《まつりごと》なる者《もの》は蒲盧《ほろ》なり」と答えている。政治は、蒲盧（ジガバチの別名）がアオムシを教えみちびいてわが子とするように、民衆を教化することが肝要だといっているのである。

さらには、ジガバチがみずから子を産まず、アオムシをどこかから連れてきて自分の子にするというしちめんどうくさい行動をとるのはなぜか、もっともらしい理由を考えだした人たちもいる。

西晋の文人政治家・張華は——

細腰の生きものには雌性がない。蜂もこのなかまである。雌がいないために彼らは桑蚕《カイコ》あるいは阜螽《バッタ》の幼虫をとり、まじないをしてわが子にするのである。『詩経』がいう「螟蛉に子あり。蜾蠃これを負う」とは、このことである。

（『博物誌』物性篇）

また東晋の文人政治家・干宝は——

この蜂は雄がいるだけで雌がなく、交尾することも産卵することもない。たいていは桑虫や阜螽の子をとって育て、自分の子に変えてしまうのである。蜾蠃の子どもにされる虫は螟蛉とも呼ばれる。

（『捜神記』巻十三）

要するに、いずれの説明もハチ、もしくはジガバチにはオスの性しかなく、子どもを生み育てることができないから、アオムシを連れてきてまじないをかけ、わが子に変えてしまうといっているのだ。謬説に謬説をかさねてしまったわけだが、この説も広く、長く信じられることとなった。

経典に異を唱えた科学者たち

とはいえ典籍に埋もれて空論をもてあそんでいる学者先生ばかりではなかった。ジガバチがアオムシを巣穴に引きずり込む行動を子細に観察し、『詩経』の説はおかしいのではないかと考える人たちもいた。おもに薬用にできる動植物や鉱物を研究する本草家たちである。

最初に謬を喝破したのは南北朝時代の陶弘景である。彼は煉丹、天文、地理、兵学、文学などに精通し博学多識で知られたが、実験や観察をおもんじ、たとえ聖人の言葉といえども鵜呑みにすることはなかった。ジガバチについても自分の庭で何度も観察をおこない、このようにのべている。

(ジガバチのなかまは) はなはだ種類が多い。……一種は黒い蜂で、腰がひじょうに細く、泥をもちいて人家の壁や器物に竹管を束ねたような房をつくる。そのなかに粟粒大の卵を生みつけ、草上の青蜘蛛十数匹を捕まえて房のなかをいっぱいにしてから房の口をふさぐ。蜂の子が大きくなるまでの食糧とするのである。べつの種類で蘆竹管のなかに入るものは、一名を果蠃《から》といい、やはり草上の青虫をとる。

『詩経』の「螟蛉に子あり。果蠃これを負う」という一節について、細腰のものには雌がないので、いずれも青虫をとってまじないをし、わが子に変えるのだとする解釈は、誤りである。詩を書いた者の知識不足はさておき、孔夫子がこのような間違いをおかすとは、どうしたことか。聖人にもこのような手ぬかりは多いのかもしれない。（『本草綱目』所引『本草経集注』）

陶弘景が観察したのは、何種類かの狩りバチだった。これらはみずから産卵すること、獲物を捕るのは幼虫のエサにするためで、わが子にするためではないことを明らかにして従来の謬説をただしたほか、アオムシにかぎらずクモを幼虫の栄養源にするハチもいると新知識をつけくわえている。最後に「螟蛉に子あり。果蠃これを負う」という俗説を知識層にまで浸透させた『詩経』の編纂者・孔子を批判することも忘れていない。聖人とあがめられる人物のあやまちをかくも率直に指摘しえたのは、陶弘景が儒家ではなく道士であったこともあるが、なにより事実によって真理を求めようとした謹厳な科学者だったからである。中国で最初にメスゼミは鳴かないと明言（三六ページ）したのも、ホタルにはさなぎの段階があるとつきとめた（一一一ページ）のも彼だった。

後半生の陶弘景は山林に隠遁し、『神農本草経』が収載する薬物三百六十五種の薬効を実験によって一つひとつ検証したうえ、さらに三百六十五種を増補して七百三十種とし、『神農本草経集注』

にまとめた。『神農本草経』が薬物を毒性の有無や強度に応じて上・中・下品の三品に分類していたのに対し、彼は玉石、草木、虫獣、果、菜といった自然分類をはじめて採用した。これもフィールドワークから生まれたものだろう。『集注』はその後の中国本草書のモデルとなった。

「螟蛉に子あり。蜾蠃これを負う」を陶弘景が否定したことで議論がまきおこり、以後、正誤をめぐってさらに千年以上も論争がつづくことになる。五代の韓保昇、宋代の寇宗奭《こうそうせき》、明代の李時珍らの薬物学者、博物学に通じた南宋代の文人・羅願、明代の唯物主義思想家・王廷相などが陶説を支持した。唐代の道士・李含光は「つい最近、蜾蠃がまじないを唱えて螟蛉を自分の子に変えるのを実際に見た者がいるから、『詩経』の一節はいつわりではない」（『本草綱目』所引）といって反論した。宋代の薬物学者・蘇頌も「物類の変化はまことに測りがたいものであり、蚱蟬（セミ）が転丸（フンコロガシ）から生じ、衣魚（シミ）が瓜子（ウリのたね）から生ずるように一様にはとらえられない。桑虫（カイコ）や蜘蛛が変じて蜂となることも怪しむまでもない」（同）と陶説には賛成しかねている。

おしいのは唐代の志怪小説家・段成式だ。彼の書斎にはジガバチのなかまが多くいて、書巻のなかに好んで巣をつくり、筆軸のなかに入りこんでいることもあった。ときどき、まじないを唱える声が聞こえてくるので巣をあばいてみると、なかにいたのは小さなクモばかりで、泥で仕切りがしてあった。それではじめて、ジガバチはアオムシを育てるだけではないと知ったという。[8] せっかく巣のなかまでのぞいていながら、そこにいるのが生贄だということにまで思いいたらなかったようである。

明代には官僚詩人の皇甫汸《こうほほう》（一四九七?〜一五八二年）が「蜾蠃はそれ自身の卵をもっている。粟ほどのものだ。それを虫の体に寄託して置くのであって、その虫が不死不生の状態のうちに卵が孵化し、しばらくして虫が枯死するころには、子は長大となってそれを食って外部へでてくる」と『解頤新語』（『本草綱目』所引）に書いており、巣穴に連れ込まれたアオムシは死んだのではなく、仮死状態で鮮度を保ったままジガバチの幼虫に供されることを正確につきとめている。

十六世紀までにジガバチの生態がここまで正確に解明されていながら、「螟蛉に子あり。蜾蠃これを負う」は、市井では二十世紀にいたってもなお信じられていた。魯迅が一九二五年に発表した「春末閑談」というエッセイに、何人かの学者がジガバチは自分で卵を産むことができる、アオムシは孵化した幼虫の食料なのだと正論を唱えたが、魯迅が出会った古老たちは例外なくこの説を否定し、アオムシを捕るのはわが子にするためだと主張したと書いている。「螟蛉に子あり。蜾蠃これを負う」は、つい八十余年前まで、ふつうに信じられていたのである。

こうした根強い迷信から、中国語で「螟蛉」は「養子」の異称にもなっている。そもそも中国には「不孝に三あり、後なきを最大とす(9)」という伝統的な倫理観がある。いろいろな不孝のなかでも、子をなさず、家系を絶やして祖先を祀らなくなることがもっとも道にもとるとされていたのだ。そうした社会通念が、ジガバチはよその子をかっさらってでも、わが子を手に入れようとしているという勘違いをあと押しした面もあったのではないか。

ハチは毒から生まれる

ジガバチにはメスがいないから養子をとる、という発想はまだ科学的かもしれない。これまでたびたび述べてきたように、万物は絶えず変化し合いながら生成消滅を繰り返すという、古代中国の生命観をもってハチの発生を解釈する人たちもたくさんいた。腐草はホタルとなり、木の葉や畑の野菜はチョウとなる。ハチもまた、ハチの卵以外のさまざまなものから化生したと考えられていたのだ。

たとえば後漢の大学者・王充は、ハチは陽の火気をうけて生じたものだから毒がある、といっている。(10) 唐末五代の道士・譚峭《たんしょう》は、万物変化の実例を集めた『化書』という本で、すべての動物に固有の情というものはないし、すべてのものに固有の形態というものもないといい、「その情が伝わり、その精が交わり、その気が混じり、その神が和して」(巻二「術化」)螟蛉(アオムシ)は蠮螉(ジガバチ)の子になると説明している。

さらにまたハチはこんなものからも発生した。

嶺南に毒菌《きのこ》がある。夜明けに雨にあって腐り、化して大きな蜂となる。色は黒く、口吻はのこぎりのようで、体長は三分あまり。夜、人の耳や鼻から忍び込み、心繫（心臓を胸腔中につるしている筋）を断ち切る。

（唐・段成式『酉陽雑俎』巻十七）

（神功元〔六九七〕年一月庚子）来俊臣の婢《はしため》が二升ほどの肉塊を産み落とした。これを切り開いてみると、赤虫がいた。赤虫はたちまち蜂に変わり、人を刺して飛んでいってしまった。

（北宋・欧陽脩ほか『新唐書』志第二十六・五行三）

『酉陽雑俎』は毒きのこからハチが生まれるとしている。毒をもつハチは同じく有毒なものから生まれるという発想だ。明代の科学者・李時珍はこの説を引いて「物類の変化は一様ではない。やはりあることだろう」（『本草綱目』）と肯定している。

『新唐書』の話も毒つながりだ。来俊臣というのは武則天の時代、彼女や自分の意にそまない人間を残虐の限りを尽くして粛清していった酷吏である。面と向かって批判はできなかったが、彼を恐れ、憎む者は少なくなかった。そうした心理が、来俊臣の心毒（残酷な心）からハチが生ずる物語を創作したのだろう。

非業の最期をとげた者の魂もハチになった。

愚民が念仏を唱えて暴れ騒ぎ、略奪を働いたうえ一家五人を殺害した。そこで、ただひとり生きのこった女性が、お上に縷々訴えた。県丞の万鵬挙が執務室に入ると、蜂が五匹、机のうえを飛び回っており、追い払っても追い払っても戻ってきてしきりに羽音をたてている。県丞が「無実の罪を訴えているのであれば、わが硯にとまれ」というと、五匹はそろって硯にとまった。また「わたしに訴状を精査してほしいなら、大柱にとまれ」というと、いっせいに大柱にとまった。万鵬挙は訴訟記録にじっくり目をとおし、賊をひっとらえて五人の亡骸を見つけだし、裁きをくだした。

（清『万安県志』）

道術に精通した神仙家の手にかかれば、飯粒さえもハチに変わる。

葛玄《かつげん》は客人たちと会食していた。食べ終わって口を漱ぐと、口中の飯粒がことごとく蜂となり、数百匹がぶんぶんいいながら飛びまわった。葛玄が口をあけると、蜂どもはまた、一匹のこらず口中に戻っていった。それを葛玄がかんでいるところをみると、依然として飯粒だった。

（晋・葛洪『神仙伝』）

このように自在に生成変化する生命観のもとでは、次代を産むのはかならずメスのハチでなければならないという意識は希薄だったにちがいない。蜂王がメスであると明言されたのは、じつに清代に入ってから、十八世紀なかばのことである。張宗法という農学者が、新蜂王が誕生すると、ひとつの巣に「母子が顔をつき合わせて同居することはかなわない」と『三農紀』（一七六〇年）にしるしたのが最初だ。

武器をもつ虫

殷を滅ぼし、周王朝をたてた武王には、ハチにまつわる伝説がある。武王の軍勢が殷討伐にむかうため船で河をわたっていた夜のことだ。月が昼のように明るく船上を照らし、援軍のために各地から馳せ参じた八百諸侯の兵士たちが意気たからかに歌をうたっていると、どこからともなくおびただしいハチがあつまってきたのだった。翌日、軍勢は殷の暴君・紂《ちゅう》王の首を討ちとることに成功した。この船は「蜂舟」と呼ばれ、以来、ハチは戦を勝利にみちびく吉兆となった。

武王は聖王とたたえられ、殷を滅ぼす前には霊妙不可思議な瑞兆がさまざまあらわれたと伝えられている。ハチの出現もそのひとつとだが、このハチの群れの正体は、じつは巣わかれしたミツバチたちだったのではないだろうか。一四一ページで書いたように、ミツバチは新女王が誕生すると、分封《ぶんぽう》といって一部の働きバチが古い女王バチを擁して引越しをする。現代でも引っ越し途上の分封蜂球が都会の街路樹や信号機にびっしりと群がって通行人をぎょっとさせたり、ニュースになったりすることがあるが、こうしたミツバチの行動が知られていなかった時代には、なんらかの前ぶれと受けとったとしても不思議ではない。夢のない話だが、武王の軍勢はたまたま営巣先をさがしているミツバチの群れと遭遇し、首尾よく戦に勝利したためにハチを吉兆とした可能性もすてきれない。

武王の例にかぎらず、ハチはしばしば戦を占う昆虫となった。李時珍『本草綱目』に「蜂は尾に鋒《ほこさき》を垂れるものだから蜂という」とあるように、鋭い針をもち、それによって攻撃することは、ハチのもっともきわだった特徴のひとつだ。漢字の「蜂(古くは「蠭」と書いた)」の旁は三角にとがったものの先端をあらわす「夆」であり、刀剣や槍の「鋒《ほこさき》」も「蜂」と同源である。武人にとっては気になる昆虫だったのである。

ハチの武器である針は、敵に向かうものと思えば心づよい味方になるが、自分に向いていると解釈すれば不吉なことこのうえない。人間の受けとりかたしだいでハチは凶兆にもなった。つぎはハチが戦死の予兆である話だ。

豫章(いまの江西省)の厳豊《げんほう》は字を孟侯といい、郡の主簿であった。太守の賈萌《かぼう》が王莽《おうもう》(前四五〜後二三年。前漢末、漢の平帝を毒殺して帝位につき、国名を新とした。その後、反乱軍に滅ぼされる)を討たんと挙兵したところ、蜂が賈萌の馬車に飛んできて轅《ながえ》の横木にとまった。厳豊は、これは凶兆だと考え、思いとどまるよういさめたが、賈萌は耳をかさず、結局、殺されてしまった。

（宋・李昉『太平御覧』九百五十）

武器をもつハチはのちに、戦争の吉凶を占う虫というだけでなく、悪人や好もしくない人物をこらしめる手先にもなった。

元嘉元（四二四）年に、建安郡（いまの福建省）の山賊百余人が役所の所在地を襲撃し、住民の家財や女子どもを掠奪したあげく、寺院にまで押し入った。この寺では、かねて仏事に使うさまざまな法具を別室にまとめて保管してある。その部屋の扉を賊が蹴破ったとたん、法衣をしまってあるつづらのなかから数万匹の蜜蜂が飛びだし、いっせいに刺してきた。山賊どもは頭や体を刺されるは、両目はつぶされるはで、仏塔に押し入るまえに奪いとった一切合財も打ち捨てて、逃げていってしまった。

（南朝宋・劉義慶『宣験記』）

宣州の当塗県（いまの安徽省東部）東南に横山がある。山の麓には八基の巨大な墓があった。唐の乾符年間（八七四〜八七九年）に盗人らがこれを暴き、墓穴をひとつ掘りあてた。そこで七十四分もの絹を継ぎ足しながら縄をよった。盗人のひとりの体にこれを巻きつけ、下検分のために穴のなかに吊りおろしたところ、黒蜂が刺しかかってきた。あまりの数の多さに男はほうほうのていで逃げだし、結局なにも盗ることができなかった。

（唐・杜光庭『録異記』）

呉県の石湖先生は北兪塘《ほくゆとう》に住んでいた。倭寇が侵入してきたとき、近隣は大騒ぎになったが、先生は七つの小僧と浩然楼に座し、泰然と書物を読んでいた。楼に踏み込んできた数人の倭寇は、蜜蜂が壁につくった巣を見つけ、刀でつついた。すると蜂がその顔めがけていっせいに飛びかかってきたものだから、びっくりして草むらに逃げ込み、突っ伏してしまった。ほかの連中が加勢して蜂をたたいたところ、さらに多くの蜂が倭寇に殺到して刺しかかった。彼らは顔をぱんぱんに腫らし、侵略はやめようといい合った。こうして浩然楼は助かり、東西五里にわたって焼き討ち、略奪を免れたのである。

（清『松江府志』）

ハチが無人の家屋や墓に巨大な巣をつくるのは珍しいことではないし、突然、平和を乱した人間に攻撃をしかけてくるのも自然なことだが、『宣験記』と『録異記』はそうした習性を利用して、侵すべからざる場所を蹂躙しようとした不埒な賊を、神仏にかわってハチが成敗した寓話にしたてている。とくに『宣験記』は、オリジナルは散逸しているものの、仏の霊験や因果応報を知らしめる話ばかりを集めた志怪小説集であり、懲悪の意図ははっきりしている。『松江府志』の話は、明代に中国沿岸を荒らしていた倭寇をなんとかしたいという思いの反映だろう。自分たちの手に負えない連中をハチに退治させ、溜飲をさげている。

さいごに、ハチを、憎んでいる相手をおとしいれる道具にした話を紹介する。中国で古くから語りつがれている説話である。


周の宣王の時に尹吉甫《いんきっぽ》という大臣がいた。ひとり息子の伯奇《はくき》をのこして妻が亡くなったので後添いをもらい、もうひとりの息子伯封《はくほう》をもうけた。後妻は自分が産んだ伯封に家督を継がせたいがために、夫に讒言する。

「伯奇が人目のないところで、わたしにいい寄ってくるので、ほとほと困っています」

「まさか。心のやさしい品行方正なあの子が、そんなことをするはずがない」

笑ってとりあわない尹吉甫に、後妻はなおもいう。

「嘘だとお思いなら、明日、楼上からこっそり部屋の様子をごらんくださいまし」

翌日、後妻は着物の襟のなかに蜂を仕込んでおき、伯奇のまえで大げさに騒いで彼が蜂を取りのぞくようにしむけた。これを遠望していた尹吉甫は、息子が妻にちょっかいをだしていると早とちりし、有無をいわせず勘当してしまった。

伯奇が放逐されてからのストーリーには、いくつかバリエーションがある。ハスやヒシの葉を編んで衣にし、ヤマナシの花を口にして寒さや飢えをしのいでいたが、ついに自害してしまうというもの。さらに死んだ伯奇が鳥に生まれかわり、無実を訴えて鳴きつづけたというもの。あるいは伯奇が「捨てられし子」の歌をうたいながら山野をさまよい歩いていると、おりしも宣王の狩りのおともをしていた尹吉甫の耳に入り、真相を知った尹吉甫が後妻を射殺してしまうなどである。伯奇の悲話は、『顔氏家訓』(北斉・顔之推)などで、後妻をめとるのはよくよく慎重にしなければいけないという戒めのひきあいにされているが、凄惨な結末には、ハチの毒よりヒトの心毒のほうがよほど怖ろしいと思わせられる。

サルと組めば出世する

ハチは秩序正しい社会生活をいとなむことから礼節や忠義、勤勉のシンボルとなったり、毒針で攻撃する点をとらえて戦争の瑞兆や凶兆とされたりした。一方で、こうした習性とは関係なくハチが縁起物になっている例もある。

たとえば中国語で「蜂(feng)」は「豊(feng)」と音が同じであるため、豊作をもたらすめでたい虫ともされる。農家では米や麦といった五穀とハチを組み合わせた図柄の年画や剪紙を貼って、五穀豊穣を祈った。

読書人の家で好まれたのは「封侯図」だ。「封侯」とは侯（高位高官）に封ぜられるという意味である。「封（feng）」は「蜂」と、「侯（hou）」は「猴（hou）」とそれぞれ音が同じなので、立身出世を願ってハチとサルを描いた絵を飾ったりした。ハチの隠喩としてハチの巣を描いている場合もあるが、絵の意味するところは同じである。封侯《ほうこう》図にはいくつか変種があり、サルが馬上に乗っているものもある。「馬上」には中国語で「ただちに」という意味もあり、一刻も早く出世できるようにとの願望を、馬に乗ったサルとハチ（またはハチの巣）の絵に託したものである。

馬上封侯（中国民間剪紙）

自然界には人間の都合で好かれる虫、嫌われる虫がいるが、ハチのように毀誉褒貶が激しい虫も珍しい。

（1）『本草綱目』所引『大業拾遺記』
（2）宋・陸游『老学庵筆記』
（3）南宋・呉自牧『夢粱録』
（4）唐・房玄齢ほか『晋書』列伝第十三・山濤
（5）清・郝懿行《かくいこう》『晋宋書故』
（6）南朝宋・劉義慶『世説新語』第三十・汰侈《たいし》
（7）北宋・李昉ほか『太平御覧』虫豸部七所引『永嘉

郡記』
(8)唐・段成式『酉陽雑俎』巻十七・広動植之二
(9)戦国・孟子ほか『孟子』離婁
(10)後漢・王充『論衡』第六十六・言毒

飛蝗

〈トノサマバッタ〉

統治者がもっとも怖れた虫

中国では水害・旱害・風霧雹霜害・癘《れい》（疫病）害・虫害の「五害」を制した者が国を治めるといわれてきた。(1)これらの天災は農作物に壊滅的な打撃をあたえ、ときに生産活動を長期にわたり停滞させる。農業を治国の基本とした古代中国においては、五害を未然にふせぐか、影響を最小限に食い止めることが政治の最優先課題なのだった。

五害のひとつにあげられている虫害は、一般には蝗虫（バッタ）、それも群れをなして作物などを食い荒らしながら大移動する飛蝗《ひこう》のそれをさす。農業に甚大な害をもたらす昆虫には、イネの髄や草木の茎に食い入るメイチュウ、日中は土のなかに潜み、夜間にでてきて葉を食害するヨトウムシなどさまざまあるが、飛蝗は災害の規模、発生頻度ともに、ほかの虫の比ではないからだ。歴史書にしるされた虫害の記事をつぶさにひろった『中国昆虫学史』（鄒樹文、一九八二年）の統計によれば、紀元前八世紀から十九世紀までのメイチュウによる深刻な被害は四十九件だったのにたいし、蝗害はじつに四百五十五件にのぼっている。同書はバッタの成虫と幼虫（蝻《なん》）による被害をわけてかぞえており、両者をあわせれば、正史に記録されたものだけでも五百回近い災害をひき起こしていることになる。飛蝗は平均して三年に一回発生しているとする昆虫学者もおり、害虫のなかでも執拗さは群を抜いているのだ。

飛蝗についてのいちばん古い記録は、編年体で書かれた中国最初の歴史書『春秋』にみえる。桓公五（前七〇七）年の秋に螽《しゅう》が発生したという。「螽」というのは「蝗《バッタ》」の古称だ。以後、代々の正史はほぼ例外なく飛蝗の発生時期と場所を記録しており、しかも時代がくだるにつれ被害状況や対策についての記述も詳細になっていく。歴代の為政者にとって、蝗害がいかに重大な関心事だったかがわかる。

古代の虫害発生回数（鄒樹文『中国昆虫学史』二千六百三十年虫災史籍記録統計表より抜粋）

時期	メイチュウ（ズイムシ）	ヨトウムシ	トノサマバッタ（飛蝗）	トノサマバッタの幼虫
紀元前 8	2			
7	1			
6				
5				
4				
3			1	
2	2		9	
1			2	
紀元 1	2		15	
2	2		18	
3	5		2	
4	1		8	
5		2	11	
6	1	5	10	
7	1		8	
8	1	3	6	
9	2	2	17	
10	1	6	12	8
11	1	4	29	6
12	13	1	33	
13	5	3	46	2
14	2	3	42	4
15			33	3
16	5		42	4
17	2		44	5
18			39	
19			28	8
計	49	29	455	40

史書ではないが、殷代にはバッタに関する卜辞《ぼくじ》があると指摘する専門家もいる。殷墟から発掘された甲骨文には、二本の触角をもった昆虫とおぼしき文字が少なからず刻まれているが、そのうちのいくつかはバッタやバッタの幼虫と推測され、これらが発生するか否か、規模はどれくらいかなどを占っているというのだ。また、「」という字は、上部が虫で下部に炎がある。これは火を燃やしてバッタを追い払ったり焼き殺したりする様子、あるいはバッタを燃やして豊作を祈る儀式を反映しているという。

さらに四季の三番目の季節をあらわす「秋」という字は、甲骨文のバッタをあらわす文字、たとえば「」が変化してできたものだとする説がある。殷代にはまだ春夏秋冬という明確な概念はなかった。秋はたんに実りの季節であると同時に、収穫間近の農作物を食い荒らす飛蝗を焼く季節という認識だった。そこで「禾」（作物）と「」（火に焼かれるバッタ）を組み合わせた「」という字ができ、長いあいだに虫が抜け落ちて「禾」と「火」だけがのこり、現代の「秋」という字になったという。

飛蝗の発生がはじめて記録された史書『春秋』からさかのぼること数百年前の殷代に、すでに人類とバッタとの戦いははじまっており、蝗害という概念も生まれていたと推測できる。

天をおおうバッタの群れ

飛蝗がどれほどの脅威であるか、まずは任意の歴史書をひもといてみよう。

太初元（紀元前一〇四）年夏、関東に蝗が発生し西の敦煌まで移動する。

（『史記』巻百二十三「大宛列伝」）

『史記』の記述はそっけないが、いまの河南・山東省あたりで発生したバッタの大群が、はるか西域入り口のオアシス都市まで飛んでいったというのだから、飛行ルートにあたった地上には、とほうもない面積の被災地が広がったことが想像できる。

乾徳二（九六四）年四月、相州（いまの河南省安陽市）で蝻虫（バッタの幼虫）が桑を食い荒らす。五月には昭慶県（いまの河北省邢台《けいたい》市隆尭《りゅうぎょう》）に蝗が発生。群れの大きさは東西が四十里、南北が二十里であった。このとき、河南、河北、陝西諸州で蝗が見られた。

（『宋史』巻六十二「五行志」）

『宋史』の記事は飛蝗の規模を伝えている。この時代の一里を五百五十メートルで換算すると、九六四年五月に昭慶県を襲ったのは東西二十二キロ、南北十一キロもある編隊ということになる。二十二キロというと、東京駅を起点に直線で埼玉県の浦和《うらわ》や神奈川県の生麦《なまむぎ》あたりまでの距離である。黒雲のようなバッタの大群が襲来すると、「天を覆い日を遮り」「暴風雨さながらの轟音」に閉ざされてしまうと多くの史書が書きのこしている。これほどの広がりをもってなめるように移動していく大編隊のただなかに入ってしまった人びとの恐怖は、いかばかりだったろうか。飛蝗の規模を具体的な数字であらわした記録は多くないが、「東は海（東シナ海）から西は河隴《かろう》（いまの甘粛省西部）までの空を蔽い尽くした」といった記事を散見するので、これよりもはるかに大規模な群れはざらにあったのだろう。

また『宋史』の記事からは、一年のあいだに二回も、しかも河南・河北地域が二か月連続で蝗害に見舞われたこともわかる。とはいえ、九六四年が特別だったわけではない。記事をさかのぼると、前年の九六三年にも二回、飛蝗が発生している。それどころか九六〇年から九六五年まで、じつに六年連続で八回も飛蝗やバッタの幼虫に見舞われているのだ。その後も断続的に発生しており、宋王朝の始祖・趙匡胤《ちょうきょういん》（太祖）は、帝位についた直後の政権基盤もさだまらないうちから、虫害に悩まされたと思われる。

中国大陸で蝗害を起こすのはおもに東亜飛蝗（トノサマバッタ）だ。このバッタは通常、珠江流域やそれ以南では年に三世代、長江や黄河流域、華北地方では二世代発生する。生まれたトノサマバッタすべてが飛蝗になるわけではなく、なんらかの事情で過密な生息環境がつづいたときに群飛性のバッタに変化し、集団で農作物を荒らすようになるのだが、ひとたび飛蝗が発生すればその集団が大量に次代の卵をのこすので、連続して飛蝗が発生することはよくあるのだ。

　このように飛蝗は、被害を広大な地域におよぼすばかりでなく、年に何度も、あるいは数年連続で波状攻撃をしかけてくる。真綿で首を絞めるように生産活動を衰微させ、国民経済を疲弊させるところがやっかいなのだった。

バッタが飢饉をひき起こす

　飛蝗が通り過ぎたあとは悲惨である。農作物といわず雑草といわず草本類はことごとく食い尽くされ、緑なす大地は見わたすかぎりの荒れ地に変わりはててしまう。それだけならまだしも、ひと粒の麦さえなくなった地上では「牛馬がたがいの毛を食らい、虎狼が人間を食らい[2]」「人が人を食らい[3]」、はなはだしきは「親子が食らい合[4]」ったり「墓をあばいて死体を食らう[5]」酸鼻な光景が繰り広げられる。

　直接的な被害は農作物の壊滅というかたちで農民にふりかかるが、飢饉が誘発されれば、餓《かつ》えて死ぬことに職業や貧富のべつはなかった。南朝梁の大宝元（五五〇）年に発生した蝗害について、正史のほか野史・行状記・実録・文集など膨大な資料を収集して歴史の実相に迫った『資治通鑑《しじつがん》』

（北宋・司馬光）は、同年の飛蝗によってもたらされた餓死をリアルに描きだしている。

江南は旱魃と蝗害に連年苦しめられ、ことに江州と揚州の被害がはなはだしかった。よるべをなくした民は群れをなして山谷にわけ入り、草の根や木の葉を採ったり、水辺の菱や芡（オニバス）などをむさぼったりして飢えをしのいだ。しかし飢民はいたるところにあふれ、それらがまたたく間に尽きると彼らの屍で野山は覆われた。

富家とても口に入るものはなく、誰もがやせ衰えていった。綺羅《きら》をまとい金銀玉石を抱いたまま寝台の帳《とばり》のなかに突っ伏し、死を待つばかりであった。

千里にわたってかまどの煙は立たず、人影もめったになく、白骨が累々とかさなり小山のようであった。（巻一六三）

屍が野山を覆い、白骨が小山をなすとは、いったいどれほどの死者がつくりだす光景なのだろうか。民国にいたるまで、犠牲者の数を正確にしるした史書はほとんどない。かろうじて記録がのこっている天福八（九四三）年の蝗害では、二十七の州群で餓死者は数十万、(6)そのわずか三年後の開運三（九四六）年に起きた蝗害の餓死者は百万(7)とある。かぞえる気力も萎えそうな数字である。

バッタが国家を転覆させる

飢饉になると、座して餓死を待つよりはと、思いきって住みなれた土地をすてる者もたくさんいた。後漢の永興元（一五三）年七月の蝗害では冀州を中心に数十万戸(8)が、後晋の天福八年の蝗害ではおよそ八千百所帯(9)が故郷をあとにしている。

飛蝗による農被害も怖いが、じつは為政者がもっとも危惧していたのは、このように村ぐるみ、町ぐるみで大量の流浪の民をだすことだった。生きるか死ぬかの瀬戸際に追い詰められた流氓《りゅうぼう》のなかには強盗をはたらく者も少なくなかった。彼らははじめ、命をつなぐために麦や米を奪うだけだったのが、しだいに金品の強奪や人身売買にまで手を染めるようになる。こうした連中が放浪する道すがら合流して、より大きなプロの窃盗集団をつくったり、各地で頻発している武装蜂起に加わったりしたからである。

唐朝滅亡のきっかけとなった黄巣《こうそう》の乱に拍車をかけたのも、数年つづいた旱魃と蝗害だった。各地を荒らしまわったあげく長安の都に攻め入ってきた黄巣軍の制圧に陣頭指揮を取った鳳翔（いまの陝西省）節度使の鄭畋《ていてん》は、全国に向けて檄文を飛ばしている。そのなかで「近年、螟虫《めいちゅう》（ズイムシ）や蝗虫が害をなし、旱害が災難を長びかせている。ために無頼の徒がにわかに常軌を逸したふるまいをなすようになった。討伐につとめてはいるが、依然、乱暴狼藉はやまず……徒党を組んで群衆を扇動し、はじめは近隣を騒がす程度だったのが、ついに郡邑にまで踏み込むようになってきた」と、虫害と暴動の関連にふれている。[10]『新唐書』巻九「僖宗紀」にも、黄巣軍の長安侵攻に先立つ乾符六（八七九）年には、すでに大旱魃と蝗害により民は飢え、強盗が発生していたとある。

旱魃と飛蝗がかならず対で語られているのも興味深いが、このふたつの関係については後述する。ともあれ蝗害の発生は飢饉をまねき、ひいては暴動を誘発すると為政者が意識していたことは想像に難くない。中国の歴史を通観すると、唐朝にかぎらず少なからぬ王朝が匪賊によって転覆させられている。被災してよりどころをなくした何万、何十万の民は、皇帝にとっては国家を根底から揺るがしかねない不気味な存在であった。

サカナがバッタになる？

これほど禍々しい虫は、いったいどこからわいてくるのか。当然ながら人びとは強い関心を抱いていた。

古くからある俗説のひとつは、飛蝗はサカナの卵から孵るというものだ。後漢の文人・蔡邕《さいよう》（一三三～一九二年）は、バッタは「自ら卵をもっているが、災いをなすものは魚卵が水中でこれに化したということだ」[11]と述べている。このことから遅くとも二世紀には、バッタ自身が産卵することと、バッタには害をなすものとそうでないものがあるとわかっていたことが知れる。注目したいのは、なぜか害をなすバッタにかぎり、魚卵から孵るとされていたことである。

しかも気まぐれに孵化するのではない。特定の条件が加わったときにはじめて、魚卵は飛蝗に化すのだと人びとは考えていた。

春の魚は粟に似た卵を泥中に産みつける。翌年、水が満々として岸辺まで潤っていると、卵はすべて魚になる。しかし旱魃に遭い、水が涸れて岸にとどかないときは、卵はそのましばらく太陽に曝され、飛蝗を生ずるのである。（北宋・陸佃『埤雅』釈虫）

気候が正常で湖沼や川の水位がたもたれていれば、そのまま魚が孵るが、旱《ひでり》がつづいて干あがると、陽光を浴びた魚卵からはバッタが孵ってしまうというのである。このような説は清代にいたるまで、さまざまな文献に見ることができ、広く、長きにわたって信じられていた。荒唐無稽なようだが、これはまんざら根拠のない話ではなかった。中国の蝗害史を通観すると、「旱と蝗虫が発生」「大旱魃について蝗害」など、旱のあとに飛蝗が大発生した記録はとても多いのである。

北宋を代表する詩人の蘇軾《そしょく》（号は東坡。一〇三六〜一一〇一年）は、四十代のはじめに密州の長官をつとめたことがあるが、わずか二年の在任期間中、ひどい旱魃と蝗害に苦しめられた。民心を鎮めるためにたびたび雨乞いの儀式をとりおこなったり、飛蝗防除の対策をねるため、バッタの生態について古老や農民にたずねてまわったりしている。そのおりに、旱のあとには飛蝗が大発生するという話を一再ならず耳にしており、彼が密州時代に書きのこした詩文には「近年、蝗害と旱害は連続して発生している」(12)「昔から蝗害と旱害は連動していたという話を老農夫から聞いた」(13)などとある。

密州はいまの山東省濰坊《いぼう》市に位置し、飛蝗の多発地帯である。地元民は経験的に旱魃と蝗害の因果関係に気づいており、蘇軾もまた注目していたことがわかる。

中国のトノサマバッタは大河や湖沼に隣接した草原、休耕田などに卵を産む。たとえば黄河中下流域の河原は中国有数のトノサマバッタの産卵場所であるが、暴れ河の黄河は古来、ひんぱんに氾濫をくり返しながら大きく河筋を変えてきた。そのたびに耕作放棄地やあらたな河原が出現し、バッタ繁殖の温床となった。そこへ旱が加わると、河の氾濫で生まれた広大な繁殖地の草が枯れ、バッタの生活空間は急速にせばまっていく。トノサマバッタは通常、べつの個体と接触したがらないが、前述したように、高密度の生息環境で世代交代を重ねるうち、群れて集団で移動するバッタ、いわゆる群生相に変化してゆく。旱はバッタの生息密度を高くし、飛蝗への変化をうながす大きな要因のひとつなのだった。

旱ですっかり干あがった湖底だの川床だのにひからびたサカナを目撃したと思ったら、しばらくしてそこにバッタの大群が出現する。古代の中国人は、トノサマバッタの相変異《そうへんい》(生活条件の変化によって体や行動の異なる個体を生じること)のしくみを知らないまま何度もこうした光景を目の当たりにするうち、飛蝗は魚卵から孵ると思い込んでしまったのではないだろうか。異種のものから異種のものが誕生するという発想の背景には、セミやホタルの章でも書いたように、万物は互いに変化しながら絶えず循環している、という中国人の宇宙観がある。しかし地球上に存在する厖大な種類の動植物のなかで、バッタとサカナを結びつけたところには、蝗害や旱害を何百回となく経験してきた彼らならではの観察が反映されていたにちがいない。

エビもバッタになる

「サカナがバッタになる」という説には、「エビがバッタになる」というバージョンもあった。あろうことか明代から清代にかけては、バッタになるのはサカナかエビかで学者たちが喧々諤々と議論していた。

「エビがバッタになる」と主張した学者は、エビもバッタもよく跳ねる、ともに長い「ひげ」をもっている、姿かたちが似ている、食べてみると風味も似ているなどの共通点を論拠にした。さらには、バッタにはエビから変化したものと、みずからの卵から孵ったものとがあり、両者はよく似ているが、前者はひげ（触角）が目玉のうえに、後者は目玉のしたにあるから見分けがつくと、もっともらしいことをいいだす僧侶までいた。[14]

なかなか楽しい議論だが、現実にはサカナかエビかでもめているあいだに、笑えない話も起きている。

十九世紀半ば、山東省で旱が長引き飛蝗が発生した。その前年には黄河が大洪水を起こし、とてつもない面積が冠水していた。これはおびただしい数のサカナやエビの卵が田野に散らばったにちがいない、春になり、地面がかわいたときに、すべてがバッタになったらえらいことだと恐れた時の長官は、全住民に号令をかけ、広大な大地の表面から魚卵やエビの卵をしらみつぶしに探させたのだった。しかし産卵管を地中に挿し込んで産みつけられた肝心のバッタの卵は排除されず、山東省は翌年、ふたたび飛蝗の大群に襲撃された。卵探しに駆りだされた住民たちは骨折り損のくたびれもうけであったうえ、その後、飢饉のために共食いをするという悲劇に見舞われている。

飛蝗は天罰

「サカナがバッタになる」におとらず広く信じられていたのが、バッタは天誅であるという説だ。

古代中国人は「天人合一」といって、天上と人間社会のことがらは相呼応すると考えていた。「天」は「自然」といいかえても「天帝（神）」といいかえてもいいが、人間は大いなる天から独立し得ない存在なのだから、天の理《ことわり》にのっとって生きるのが正しいとされていた。

前漢の時代になって、大儒の董仲舒《とうちゅうじょ》（前一七九?～前一〇四?年）がこの思想を発展させた「天人感応（相関）説」をとなえた。簡単にいうと、天は意志をもって森羅万象を支配する最高位の主宰者である、人間が天意にかなう行いをすれば瑞兆を示すし、そむけば災異によって警告を発し、あらためられないときは天罰をくだす、という考えだ。

天はとりわけ政《まつりごと》に感応した。天命を受けて天子になったほどの者が悪政を行ったとなれば、報いは大きい。董仲舒は「およそ天変地異のもとは、ことごとく国家の失に生ずる」（『春秋繁露』必仁且知）と断言した。地震や落雷、洪水、旱害といった自然災害はすべて、為政者の失策に対する天の譴責だとしたのである。

正史にのこる飛蝗に関する最古の記録が『春秋』の「桓公五年秋、螽（蝗《バッタ》の古称）が発生した」であることは一六六ページに書いたとおりだが、この事実のみを伝える簡潔な記録も、天人感応説を主張する学者の解釈によると、「強欲かつ冷酷に民から搾取をすれば螽が発生する。これは介虫（甲虫やエビ・カメなどのように硬い殻をかぶっている動物）の孽《げつ》（怪異現象）である(15)」となった。

悪政の最たるものは戦争だ。『漢書』五行志は「武帝の元光六（前一二九）年の夏に蝗が発生した。この年、四人の将軍が匈奴を討った。元鼎五（前一一二）年の秋に蝗が発生した。この年、四人の将軍が南越と西南の異民族を平定し十余郡を開いた。元封六（前一〇五）年の秋、蝗が発生した。これに先立ち、ふたりの将軍が朝鮮を征服し三郡を開いた。……征和三（前九〇）年の秋と四年の夏に蝗が発生した。この一年まえに三将軍率いる十余万の兵士が匈奴を征伐した」（要約）というふうにえんえんと飛蝗の発生と戦争を併記し、因果関係を強調している。

戦争や自然災害は重大な出来事だから、史書や地方志にはかならず記録される。これらを抜き書きしていけば、戦のあとに蝗害が起きている例も少なからずあったはずだ。なにしろ飛蝗は三年に一回の割合で発生するともいわれているのだから。しかし天人感応説を奉ずる儒者たちは、これらを偶然とはみなさず、為政者が政治をあやまり戦争を起こしたために、飛蝗というかたちで天罰がくだったのだと解釈した。

戦争が蝗害を招くという考えの延長で、のちに、バッタは戦死した兵士のたましいであるとの俗説まで生まれた。「大きな戦争のあとには、きまって蝗害が見られ、蝗虫は戦死者の無念の魂が化したものだともいわれている。必然の法則というわけではないが、かつて余は湖北で見たことがある。蝗虫捕りの群集が大声で騒いでも微動だにしなかった虫が、軍隊の鉦や太鼓が轟いたとたん、威儀を正し、まるで隊列を組んだようになったのだ」(南宋・羅大経『鶴林玉露』)。

バッタを呑んだ太宗皇帝

こうした思想が浸透するにつれ、庶民は、飛蝗が発生するのはその地を治める官吏や、うえに立つ天子の政治が悪いせいだと本気で思いはじめた。なによりも為政者自身が、蝗害は自分の責任だと信じるようになってしまった。皇帝が蝗害を恐れるのは、被災地から膨大な難民があふれだし、しばしば国家の安定をおびやかすことにくわえ、自分が天子の器ではないこと、政治をあやまったことを天下に知らしめてしまうからでもあった。

天は人間の善行にも感応する。そこで蝗害が発生するや、皇帝はただちに大臣に命令をくだし、被災地に救援金や食料、衣料、家畜の飼料などを送らせた。年末や翌年の税を減免することもあった。災害の規模が大きすぎて焼け石に水とわかっていても、君主たるもの、とりあえず済民のポーズをとらないわけにはいかなかった。天上の神がこれ以上の災いを降さないよう、また天下の民が反乱を起こさないよう、徳のあるところを双方にアピールする必要があったのである。

ここまでしてもバッタの襲撃がやまない場合、皇帝は正殿を遠ざけてひきこもり、家臣の諫言に謙虚に耳を傾け、食事も質素にしてひたすら身をつつしんだ。天人感応説によれば、自然災害というかたちで譴責したにもかかわらず皇帝に反省の色が見えないとき、天はさらなる怪奇現象を起こして警告を発するとされていたからだ。反省のいきつくところは自己批判だった。自分はいかに無能で徳がないか、政においてどんなあやまちをおかしたかを懺悔し、天災はほかの誰でもない、自分のせいであるとした詔《みことのり》を出すのである。これを「罪己詔」という。後漢の和帝や後趙（五胡十六国の一つ）の石虎、前秦（同）の苻堅などが、蝗害の発生にともなって罪己詔をくだしたことが正史にも記録されている。

漢代に流行しはじめた天人感応説は唐代になってもまだ大きな影響力をたもっていた。旱害につづき蝗害が発生した貞観二（六二八）年三月、第二代皇帝太宗（李世民）も罪己詔をくだしている。

にもかかわらず六月に入ると、都一帯はまたもや旱《ひでり》と飛蝗に苦しめられた。沈鬱な面持ちで苑内の稲を見てまわっていた太宗は、ふいに数匹のバッタをつまみあげ、「人民にとり穀物は命にもひとしい。だのに汝らはそれを食い荒らし、人びとを苦しめている。もし民があやまちをおかしたとすれば、国君であるわしの責任だ。汝らに魂があるなら、わしの心の臓を食らうがよい。民を害するなかれ」とののしると、虫を口に放りこんだ。腹でもこわしてはと側近があわてて吐きださせようとしたが、帝は「わしは災いをこの一身に転じたいのだ。なれば朕みずからの病など恐れるにおよばない」というが早いか呑みこんでしまった。

この年、バッタは災害をもたらすことはなかったという[16]。もちろん皇帝も、腹をくだしたりはしなかった。トノサマバッタはもともとたんぱく質に富んだ救荒昆虫である。庶民ははるか昔から、蝗害によって飢饉になると、飢饉の元凶であるバッタを蒸したり天日に干したりして食い、飢えをしのいできたのである。

大唐帝国三百年の基礎をかためた太宗は、傑出した明君である。有為の人材を広く登用し、対外的には侵攻をくり返す北方の遊牧民族を制圧、内政では経済や文化の発展をうながし、「貞観《じょうがん》の治《ち》」とたたえられる泰平の盛世を実現させた。しかし中国蝗害史上では右の軽はずみな行動により、儒家の言を妄信してバッタを丸呑みした皇帝と語りつがれることとなってしまった。もっともそれは後世の話である。天人感応説が信じられていたあいだは、太宗にならい、飛蝗が発生するたびにトノサマバッタを丸呑みする皇帝があとを絶たなかった。

酷吏が飛蝗をまねく

蝗害発生の有無、あるいは被害の軽重で、政治や徳を評価されるのは地方の役人も同じであった。国民にとって天子は雲のうえの人だが、地方役人は直接、県や郡をおさめているだけに、評価はよりストレートでシビアであったともいえる。役人たちがもっとも避けたいのは、周囲の郡県は無傷なのに、自分が管轄する土地だけバッタに襲撃されるという事態だ。彼らの徳のあるなし、有能無能ぶりが浮きぼりにされてしまうからである。しかし相手は昆虫。人間の思惑どおりに動いてくれるはずもなく、バッタの飛行ルートによって明暗の分かれることがしばしばあった。

漢の宣帝のころ、河南の長官をつとめていた厳延年は厳格な刑罰で郡をとりしまっていたが、となりの潁川《えいせん》郡では黄覇が仁政をしき、穏やかに治めていた。潁川郡は毎年、豊作であり、徳の高い者のもとにあらわれるとされる鳳凰もたびたび舞いおりている。これを伝え聞いた天子は黄覇を賢能とたたえ、褒美をあたえた。日ごろから黄覇を軽んじていた延年は、ともに隣接した郡の長官でありながら彼だけ栄誉に浴したことが内心、おもしろくない。そこへきて河南郡にまたもや飛蝗が発生した。補佐役が域内を調査してまわり、被災状況を報告すると、思わず延年はぼやいた「わが郡の蝗虫《バッタ》は隣郡の鳳凰の餌になっているのであろうか」(17)。

農作物を情け容赦なく食い尽くす飛蝗は人民から無慈悲に搾取する酷吏を連想させるからか、この手の話は枚挙にいとまがない。バッタは汚職役人や残酷な役人が治める土地を襲撃し、完膚なきまで緑を食い尽くす。逆に清廉で善良な役人がいるところには飛んでいかない、飛んでいったとしても上空をただ通過しただけだったり、鳥に啄ばまれて死んだりして害をもたらさなかった、というのが基本的な筋である。たとえば——

後漢の馬棱は字を伯威といい、広陵（いまの江蘇省揚州市）の太守であった。郡内では毎年のように蝗虫が発生し作物を食い荒らすので、穀物の価格が高騰していた。棱は威徳をそなえた人物であった。皇帝に塩官の廃止を奏上して、住民が塩を自由に生産したり売買したりできるようにしたうえ、税を軽減し、困窮者たちを救済した。すると蝗虫は飛んで海に入り、魚や蝦になった。

（『東観漢記』巻十二）

後漢の徐栩《じょく》は字を敬卿といい、呉郡の由拳（いまの浙江省嘉興）の人である。若い頃は獄吏をしていたが、裁きは公平であった。のちに小黄県（河南省）の知事をつとめていたとき、近隣の県を蝗虫の大群が襲い、ぺんぺん草ものこっていないありさまとなったが、小黄県だけは素通りし、作物に群がることはなかった。

（『捜神記』巻十一）

蝗害をまぬがれたわけ

いかにも勧善の教訓めいた話だが、飛蝗が襲来したのに素通りするだけだったり、地上に降りても草木を食い荒らすまえに大量死してしまったりという現象は昔から実際に観察されていて、記録にもたくさんのこっている。

『東観漢記』の、広陵に発生した飛蝗が海に飛び込んだという記事とよく似た現象は、『宋史』にも記されている。北宋の「大中祥符九（一〇一六）年九月、青州の蝗虫が海をめざして飛んでゆき、死んだ。海岸には百余里にわたり蝗虫の死骸が積もっていた」という。この大量死で考えられる原因のひとつは大風だ。飛蝗は風に乗って長距離を移動するが、一定の風速を超えると飛べなくなったり、海や湖沼に吹き寄せられたりすることがある。田畑を傍若無人に荒らす軍団は気象の急変には意外に弱く、突然の豪雨や雹でもあっけなく全滅してしまうことがあった。推測されるもうひとつの原因は、二化目のメスが越冬卵を産んだあとの自然死である。いずれにしても飛蝗の襲来に身がまえていた人びとにとって、こうした予想外の展開は天の采配としか思えず、飛蝗は善良な役人が治める土地には害をもたらさない、という天人感応説の恰好の例証となったのだろう。

ちなみに湖畔や海辺の住民は、無数のトノサマバッタが水に突っ込んでいく現象をたびたび目にしていたので、サカナやエビからバッタが孵るだけでなく、『東観漢記』にあるように、バッタが逆にサカナやエビになることもある、両者は互いに変化し合っているのだと考えていた。

さて、『捜神記』の、周囲の県を荒らしまわった飛蝗が小黄県の作物にだけ手をつけず通り過ぎたという話は、知事の徐栩が善吏だったおかげというより、この土地にバッタが嫌う作物が植えられていた可能性がある。

『晋書』石勒《せきろく》載記に、建興年間（三一三〜三一七年）、河朔（黄河以北）の地に蝗虫が大発生した、幼虫は地面を突き破ってでてくると、またたく間に成長し、ありとあらゆる草に群がったが、三豆と麻だけは食い荒らさなかったという記録がある。三豆とは緑豆、赤小豆、黒豆の三種類の豆のことである。三豆のほかにも大豆や胡麻、芋、蕎麦などを避けて通ったことがおりおりの史書に記録されているが、トノサマバッタの食性がはっきりわかっていなかった時代、飛蝗が襲来したにもかかわらず無傷の畑があるというのは、やはり不可思議なことだったのだろう。

いちばん謎めいていたのが、つぎのような突然死だ。

北宋の元符元（一〇九八）年八月、高郵軍（江蘇省中部）に蝗虫が発生したが、草に抱きついたまま死んでしまった。

（『宋史』巻六十二・五行志）

襲来したバッタの大群が農作物を食い荒らす間もなく、頭を天に向け、前脚と中脚で草の先端にしがみついたまま、一匹のこらず死んでしまう現象だ。真相は伝染性の菌による病死と考えられているが、バッタの奇妙な死骸が数十キロ四方にもわたって広がっている光景は人知を超えていた。すんでのところで蝗害をまぬがれた人びとは、歓喜とともに天帝に感謝の祈りをささげたりしたのだった。

このほか、飛蝗におとらずおびただしい数の黒いハチや白い鳥の群れが飛来し、空中であっというう間に虫を嚙み殺し、あるいは丸呑みして斃してしまうこともたびたびあった。地面ではカエルや、「気不噴《きふふん》」と呼ばれるハンミョウかオサムシとみられる虫に幼虫の群れが捕食された記録も多数、のこっている。

これらの鳥や昆虫はもともとトノサマバッタの天敵だったのだが、善良な官吏が治める郡県にあらわれるとか、官吏が自らの不徳を悔いたとたんにやってきて蝗害を未然に防いだなど、天人感応説にからめて語られることがままあった。明の永楽二十二（一四二四）年五月、「浚県（河南省鶴壁市）に蝗蝻（バッタの幼虫）が発生した。県知事の王士廉はみずからの失政を悔いて斎戒し、下役や有徳の老人たちを引き連れ八蜡祠《はっさし》に祈禱した。三日が過ぎたころ、数万羽の鳥があらわれ、虫をほとんど食い尽くしてしまった[18]」といった具合だ。

バッタ退治の神様

飛蝗が襲来したとき、まっさきに人びとの念頭に浮かんだのは、神様にねんごろに祈りをささげ、怒りを鎮めてもらうことだった。なにしろバッタは、人間を叱責するために天が遣わした昆虫なのだ。

たとえば浚県の知事王士廉がしたように（一八七ページ）、「八蜡神《はっさしん》」に祈った。八蜡神というのは、神農や后稷《こうしょく》をはじめとする農事にまつわる八柱の神々の総称で、そのなかには昆虫をつかさどる神様も入っている。これらを祀る「蜡祭《ささい》」は周代にはじまったとされ、そもそもは収穫に感謝する国家的な年中行事だった。ところが、飛蝗の脅威にさらされては八蜡神に祈りをささげているうち、民間ではもっぱらバッタ退治の神様になった。

宋代になると、劉猛将軍《りゅうもうしょうぐん》という人格をもった神様も登場する。劉という姓の猛将だとも、姓を劉、名を猛という将軍だともいい、じつのところ劉猛将軍が何者なのかはよくわかっていない。しかしモデルとされる人物は複数いる。

劉猛将軍信仰の起源としてもっとも有力視されているのが、『宋史』にも伝記がある劉錡《りゅうき》（一〇九八～一一六二年）である。徳順軍（いまの甘粛省静寧）の人で、騎馬や弓矢にたけ、朗々たる声をもつ美丈夫だった。若いころは、侵略の隙をうかがう西夏（甘粛からオルドス地方にかけてタングート族が建てた国家）ににらみをきかせて泣く子も黙るほど怖れられ、後には侵攻してくる女真族の金軍とたびたび干戈を交えて何度も撃退した。この民族の英雄の死後、民衆は彼をバッタ退治の神様と崇めるようになった。

宋は、西夏、金、元など異民族におびやかされ続けた王朝である。北宋は女真族の金によって都の開封を追われ、江南に再興した南宋は元に滅ぼされている。追い払っても追い払っても大軍を率いて領土を侵してくる異民族は飛蝗の襲来にも似た脅威だったし、逆に飛蝗の傍若無人ぶりは異民族の侵攻を連想させた。そこで、侵略者を勇猛果敢に撃退した劉錡将軍を拝むことは治蝗にも効験があると、人びとはごく自然に考えたのだろう。劉猛将軍信仰は南宋の都・臨安（いまの杭州市）を中心とする江南からまたたく間に全国に広がった。

しかし清代に入ってほどなく、第三代皇帝順治帝、第四代皇帝康熙帝の時代に、劉猛将軍を祀ることは淫祀とされ、禁止されている。金人の後裔である清朝としては、抗金の英雄である劉錡を神様と崇めたてまつるのは具合が悪かったのである。ふたたび劉猛将軍信仰が許されたのは、五代目雍正帝の治世になってからだった。このころには清帝国の地盤がかたまっていたため、皇帝は人心掌握と勧農のために政策を転換し、むしろ全国各地に劉猛将軍廟を建てるよう奨励した。ただし御本尊は、劉は劉でも劉錡ではなく、劉承忠であると定められた。

劉承忠というのは元末に江淮《こうわい》指揮使をつとめた人物である。江淮（いまの江蘇省北部、安徽《あんき》省中部、河南省南部、湖北省東部にまたがる地域）で発生した深刻な蝗害を、軍隊を率いて制圧するなどの働きをし、元朝が滅亡すると明に降ることをいさぎよしとせず、河に身を投げて死んだと伝えられている。漢族ながら異民族の王朝に忠義を尽くし、殉死したところが満族の統治者には都合がよかった。そんなわけで清代には、劉承忠なる人物が国家によって正式な治蝗の神様と定められたのだった。

とはいえ民間信仰というものは、勅令や法律で強制できるものではない。漢族を中心とする少なからぬ民衆が、依然として欽定の劉承忠ではなく、自然発生的に神様となった劉錡を祀り、崇めていた。

このほかにも、劉錡の弟の劉鋭や、北宋末に和平交渉の使者として金の軍営に派遣され、敵に帰順することを拒んで縊死した劉韐《りゅうこう》、民衆のために善政をおこなった南宋の廉吏・劉宰など、劉猛

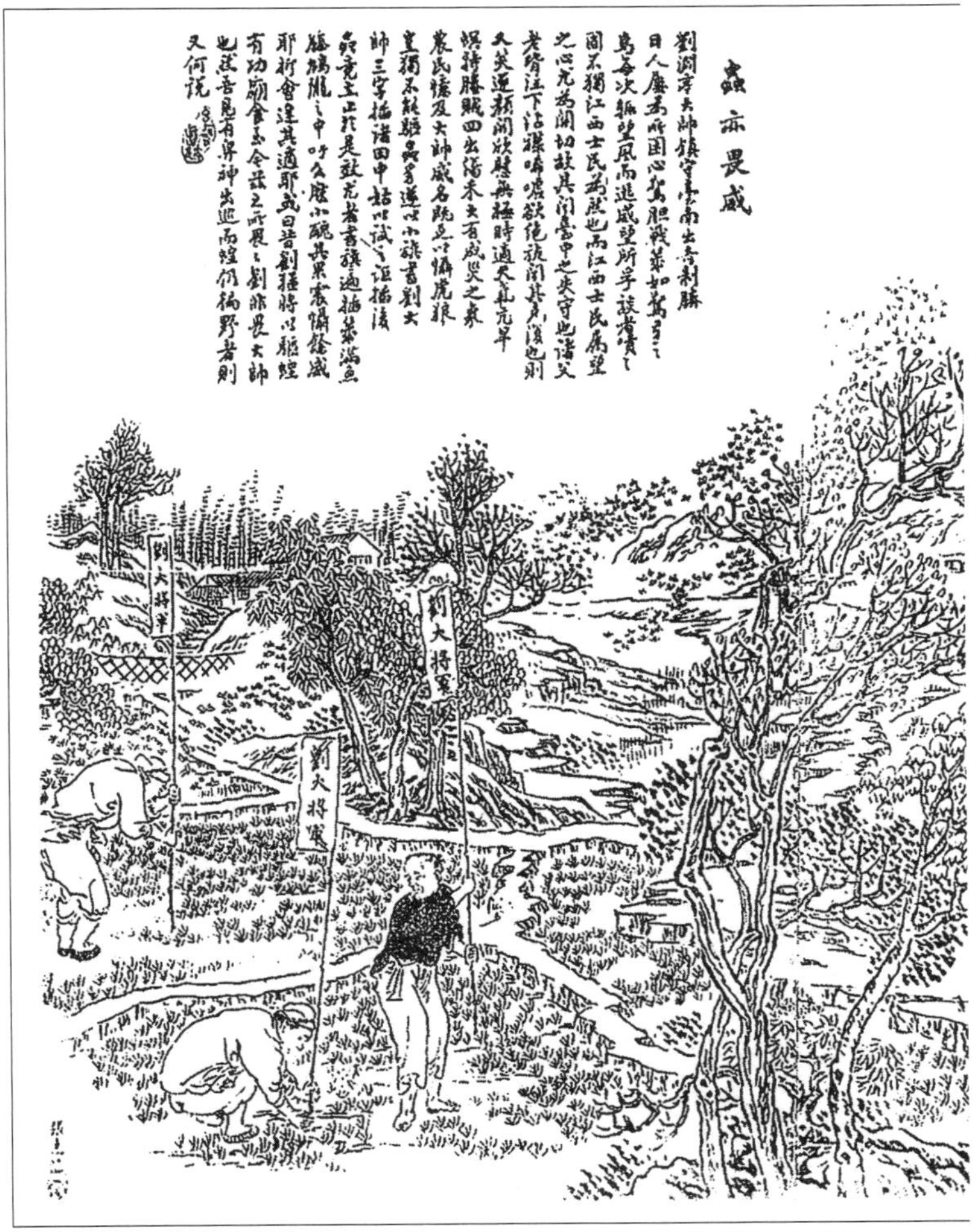

田畑の各所に「劉大将軍」ののぼりを立てて、バッタ退治を祈る清代の人びと
（『点石斎画報』より）

将軍のモデルとされる劉姓の人物が数人いる。

ご本尊が誰であれ、人びとは各地に劉猛将軍廟を建てて祀り、飛蝗が発生するたび将軍におでましを願い、「劉猛将軍勅令治虫」などと大書した黄色の三角旗を畑にさしたりした。また毎年、決まった日に祭礼をとりおこなった。蘇州では正月の十三日を将軍の誕生日とし、この日は牛をつぶして廟に供え、半月ものあいだ燃えつづける巨大な二本の蠟燭に火をともす。村民たちは「迎猛将」とか「趕猛将」といって、劉猛将軍の神像をかかげて練り歩いたり、あるいは神像を背負って田畑を疾走し、蹴つまずいて泥まみれになるのを楽しんだりした。

浙江省の余姚《よよう》では九月二十日が将軍の誕生日だ。バッタが怖れて逃げだすように、大きな将軍旗をひるがえらせ、また竹馬のような木の棒に乗って踊り歩く高蹺《ガオチアオ》や龍灯舞などをにぎやかにおこなって劉猛将軍に奉納した。

民間信仰が浮きぼりにした蝗害分布

清朝が崩壊し中華人民共和国が成立すると、バッタの神様を祀ることは旧社会の迷信と批判され、宋代以来、連綿とつづいていた素朴な年中行事もおこなわれなくなった。しかし二十世紀なかばになって、全国の打ち捨てられていた八蜡廟や劉猛将軍廟などの蝗神廟が思いがけず学問に貢献することとなった。中国は世界有数の蝗害発生国でありながら、どういった地域が被災地になって

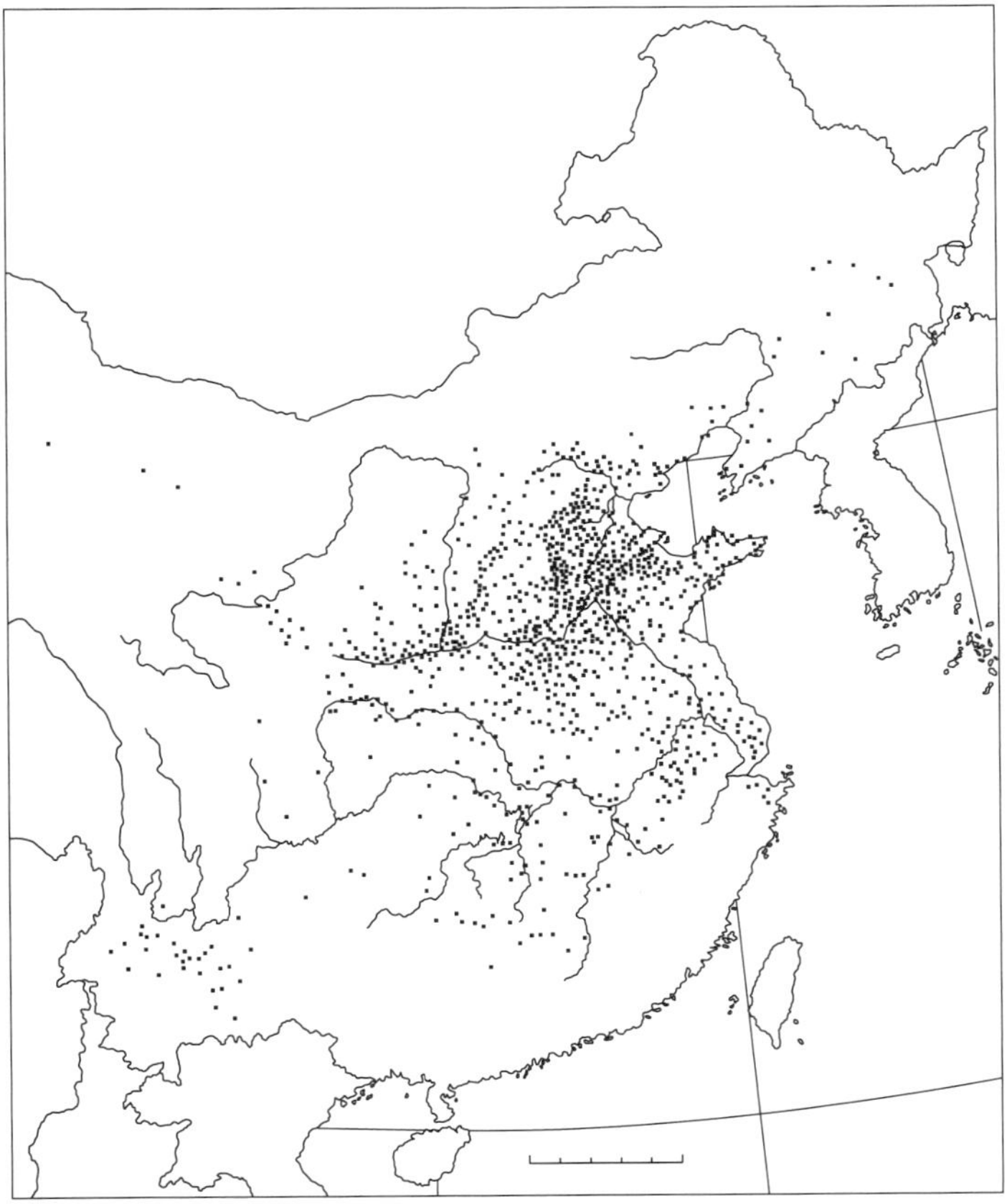

蝗神廟の分布図（陳正祥『中国文化地理』より作成）

きたかを示すデータが近年までなかった。地理学者の陳正祥（一九二二～二〇〇三年）はあるとき、八蜡廟や劉猛将軍廟の分布を調べれば、深刻な蝗害発生地がおのずと浮かびあがるのではないかと思いついた。中国の農村はどこも非常に貧しく、伊達や酔狂で神廟を建てることはない。村人たちが身銭を切ってまで建てているところは、よほど蝗害に苦しめられていたと考えられるからである。そこで陳氏は日本や台湾が所蔵するものも含め、地方志三千点あまりを片端からつぶさに調べ、八蜡廟や劉猛将軍廟に関する記述を見つけると、所在地を一つひとつ地図上に落としていった。そうしてできあがった労作が、有名な「中国蝗虫災害分布図」である（前ページ参照）。

この地図は中国大陸の蝗害について、次のような情報をもたらしてくれた。

①黄河下流域、ことに河北、山東、河南三省でもっとも多発している
②華中以南は、南下するにつれ蝗害が減少し、東南沿海地区ではほぼ皆無となる。これに対応して福建、台湾、広東、広西四省には八蜡廟や劉猛将軍廟が一か所もない
③蝗神廟の分布の南限は、おおよそ年平均八〇パーセントの相対湿度の等値線にかさなり、また年間降雨量千二百ミリの等値線にも近い
④雲南省は南方であるが高原であり、湿度と雨量は太湖畔のそれにちかく、飛蝗の発生がしばしば見られる

八蜡廟や劉猛将軍廟の分布は蝗害の頻発地点を明らかにし、その範囲を制限するおもな気候条件は湿度であるということが浮きぼりになったのだった。

迷信を意に介さなかった王莽《おうもう》

蝗害は天が降した罰だから人力のおよばぬところである、という漢代に流行しはじめた考えは、為政者から庶民にいたるまで深く浸透し、近年まで長く影響をおよぼした。おかげで中国の治蝗対策は何百年も遅れたといわれる。しかしだからといって、誰もが天人感応説にそまっていたわけではない。少数ではあるが、天罰を怖れなかった人たちもいた。

王莽（前四五〜後二三年）もそのひとりだ。彼は前漢王朝の外戚として権勢をふるい、ついには皇位まで手に入れた簒奪者とされている。外交も内政もことごとく失敗し、彼が建てた王朝「新」は赤眉軍などの反乱によってわずか一代、十五年で滅亡している。その短い治世の末年に蝗害が頻発した。地皇三（二二）年夏には東方から飛蝗の大群が飛来し、天を蔽った。長安に達すると未央《びおう》宮《きゅう》にまで入り込み、宮殿楼閣の欄干や柱などにびっしりとりついた。王莽はただちに奨励金をもうけ、役人と国民にバッタを捕らえるよう号令をかけている。(19)

儒者たちは、人徳のない偽天子王莽が暴政をおこなったことによって蝗害がひき起こされたのだと批判したが、治蝗対策から見れば、祈禱したり自己批判したりするよりさきにバッタ退治にのりだした王莽は現実的であり、賢明だった。天人感応説に塗りこめられていたこの時代にあっては、特筆すべき対応である。ただし蝗害のあとに飢饉が起こり、民が困窮しているにもかかわらず大土木工事や搾取をつづけ、十分な救済策を取らなかったことが流民を生み、新朝滅亡の引き金となった。王莽の徳のなさはこの点において災いしたのだった。

漢代の合理主義者

天人感応説を唱える大学者たちにまっこうから反駁したのが、合理的精神を貴んだ後漢の思想家王充である。大著『論衡』はほぼ全編、迷信や虚妄を批判した書だが、彼はわざわざ「商虫」篇をもうけ、虫害についての誤った考えをただしている。たとえば害虫は、よこしまな役人のせいで発生するというが、「虫は温暖で湿潤なときに生ずる。温暖で湿潤な気候といえば春と夏だ……もし村里の役人のせいで虫が発生するなら、役人は春と夏にはよこしまになり、秋と冬には清廉なのか」といった具合だ。

バッタについてはこうだ。

魯国が宣公十五（紀元前五九四）年に、耕地面積に応じて課税する制度をはじめて導入すると、直後にトノサマバッタが驟雨のごとく襲った。漢代になって董仲舒や劉向といった学者が、魯国は公田の共同耕作という労役をもって税とした周代以来のやり方に満足せず、私田にまで課税する税制改悪を行ったため、天帝の怒りに触れたのだと批判した（『漢書』五行志）。これにたいして王充は、建武三十一（五五）年に太山郡（いまの山東省泰安）で発生した蝗害を例に、大学者たちの説の矛盾を突いている。「飛蝗は数百数千にのぼる郷県を荒らしながら、最後は夷狄の地に入っていった。このとき、（飛蝗が通過した）すべての郷県の役人が私田にまで課税していたわけではなかった」。また「役人たちが罪に服したわけではないのに、穀物や草木を食い荒らした蝗虫の勢いは数日で衰え、いずこかへ飛び去るか、そのまま死んでしまった」。役人とはかかわりなく、バッタはバッタなりの生老病死にしたがい、生まれたり死んだりしているにすぎないのだと説いている。

蝗虫にも、自然に穀物を食いやめる時期がくる。ちょうど、旺盛に桑の葉を食していた蚕が、ある時期になると、ぴたりと食いやめるように。蝗虫が生ずるに日があり、死ぬにも月がある。期が尽きれば変化し、とこしえに蝗虫でありつづけるわけではない。役人たちが罪に服さずとも、蝗虫はいずれ自然に消滅するのである。

客観的なものの見方を愛した王充は、特定の昆虫が特定の植物を食べた場合のみ「災異だ」と大騒ぎすることもナンセンスだと批判している。

人は裸虫（ウロコや羽毛のない動物）三百の長である。いうなれば、人もまた動物なのである。人はほかの生き物が食うものを食い、ほかの生き物もまた人が食うものを食う。ともに生き物として同じものを食うことになんの不思議があろうか。もし動物に知恵があれば、おなじように人間を非難するだろう。「汝も我われも天が作ったものを食っているのに、なぜ我われだけが異変をなすといい、自分たち人間が災異を起こすとはいわないのだ」と。

（人間は）虫がほかの草を食っているときは当たり前のこととして咎めないのに、五穀の葉を食うと災いだという。桂には蠹《と》がつき、桑には蝎《かつ》がつく。桂は薬用になるし、桑の葉は蚕の食料になる。たいせつな役割を担っていることは穀物となんら変わりない。にもかかわらず桂の木の蠹も桑の木の蝎も怪とせず、五穀を食う蝗虫だけを災とするのは、万物の道理を理解していないのである。

現代のわたしたちから見れば王充のいうことはいちいちもっともなのであるが、その思想は異端とされ、長いあいだ受け入れられなかった。

玄宗のバッタ退治

王充の『論衡』から六百年あまりのちの唐代なかごろになって、ふたたび天人感応説に噛みついた人物がいる。

玄宗皇帝の開元三（七一五）年から四年にかけ、黄河中下流域で飛蝗が大発生した。人びとは畑の周囲に祭壇をもうけ、ひたすら祈禱したが効果がなく、朝臣たちのあいだにも「これは政治を誤った天罰だろう」という空気が流れはじめていた。そんななか、宰相の姚崇《ようすう》（六五〇〜七二一年）が敢然とバッタ退治を上奏したのである。

彼が提案したのは、夜、田畑のそこかしこで焚き火をし、その周囲にあらかじめ穴を掘っておいて、火に集まってきたバッタを捕獲するそばから埋めていくという方法だった。玄宗は姚崇に全幅の信頼をおいていたし、蝗害を一日も早く終息させたいと願っていたが、人力でバッタを除くという天をも畏れぬ所業にためらいがあった。

「飛蝗は天災であり、政治の不徳のいたすところだ。卿《そち》は退治せよというが、道にはずれることになりはしまいか[20]」

皇帝といえども玄宗もまた、天罰を怖れるひとりだったのである。

姚崇は言葉をつくして皇帝を説得した。

「経書にそむいても道理にかなうことがありますし、道理に反しても情勢に即した措置をとらねばならないこともあります」と、まずは物事に柔軟に対応する必要性を説き、害虫を火にくべることは、すでに『詩経』にも載っている古の方法であると安心させた。そのうえで、手をこまぬいていれば、どのような悲惨な事態を招くか、威しをかけつつ諫めている。

「昔、魏の時代にバッタが発生して農作物に群がりましたが、退治せずにおいたところ、稲の苗はのこらず食い尽くされ、飢えた民がとも食いをするにいたりました。また後秦（五胡十六国の一つ。三八四〜四一七年）の蝗害では草木がまるはだかになり、牛馬がたがいに嚙みつきあったほどです。いま、山東に発生したバッタは、いたるところで猛烈にはびこっています。河北や河南は蓄えが充分ではないので、農作物が収穫できなくなれば流浪の民があふれ、国家の安危にかかわるでしょう。ここは臨機応変に手を打たねばなりません。たとえ駆除しきれずとも勢いづかせて被害が拡大するよりはましです[21]」

さらに「陛下は殺生を好まれませんので、どうぞこの件には関わられず、わたくしにおまかせください。バッタ退治が失敗に終わったときには、わたくしの官爵を没収してくださいますよう[22]」とまでうけあい、ついに玄宗を納得させたのだった。

「貞観の治」とうたわれる善政をしいた唐の第二代皇帝太宗と、それに並び称される「開元の治」を治世のはじめにおこなった第六代皇帝玄宗。どちらも名君でありながら、中国蝗害史上において、前者はバッタを呑みこんだ迷信深い皇帝として語りつがれているのにたいし、後者はバッタ退治を英断した皇帝として名をのこすことになった。玄宗が不名誉をまぬがれたのは、ひとえに姚崇のおかげである。

姚崇《ようすう》の宮廷闘争

姚崇は儒者を目の敵にしていたというより、国家の安定と繁栄をさまたげる迷信や陋習を徹底的に排除しようとした現実主義者だった。唐代は仏教が興隆した時代でもあったが、得度すると賦役が免除されるなどの特典があったため、皇族や権門富家から出家する者があとを絶たず、弊害が生じていた。そこで姚崇は内々に調査し、僧や尼僧にふさわしからぬ無為徒食の者一万二千人を還俗させたりもしている。

神も仏も畏れぬ姚崇のバッタ退治には、各方面にも反対と戸惑いの声があがった。日ごろ、姚崇のいいなりで「伴食宰相」とまで揶揄されている黄門監の盧懐慎《ろかいしん》でさえ「天災であるバッタを人間が制圧できましょうか。ほかの大臣たちもみな、退治には反対しています。それにバッタを大量に殺せば、和気を損なうでしょう。今からでも遅くはないので、翻意されますよう」と珍しく建議している。

また汴州《べんしゅう》（河南省開封）の刺史・倪若水《げいじゃくすい》は、姚崇が派遣したバッタ退治の監督官をきっぱり拒絶したうえ、皇帝に「バッタは天災なので、ここはまず陛下みずからが徳をお示しになるべきです。

劉聡（五胡十六国の一つ前趙の第三代皇帝）のときもバッタを駆除しようとしてできず、被害はさらに深刻になったではありませんか」と上奏文まで提出している。

倪若水が引き合いにした劉聡のバッタ駆除とは、『晋書』劉聡載記にある、怪奇譚めいた記事のことである。四世紀初頭、河東にバッタが大発生したため、劉聡が部隊を動員して捕獲し地中に埋めさせたところ、バッタの哭き声が十余里四方に響きわたった。数日後、バッタは地面に穴を開けてふたたびあらわれ、以前は見向きもしなかった黍や豆まで食い荒らすほど凶暴さを増していたという。その結果、平陽の飢饉はさらに悪化し、二十万戸が土地をすてたのだった。

盧懐慎と倪若水いずれの主張も、飛蝗は天が降した災異であるから人力で撲滅するのは不敬である、天子がいっさいの責めを負い、徳を積んで天帝の許しを請うしかない、というもの。完全に天人感応説に感化されているのだった。姚崇は彼らを「頭のかたい腐れインテリ」とののしりながらも、辛抱強く論破していった。

有能ではないがまじめで私欲がない盧懐慎にたいしては、食事にまぎれこんでいるヒルを呑みこんだ楚国の恵王や、見た者は死ぬといわれる双頭のヘビを殺した楚国の賢臣・孫叔敖など、先人たちの殺生を例にあげながら、バッタの駆除がかならずしも礼にもとることでも陰陽の調和を乱すものでもないことを懇切丁寧に説明した。恵王は食事係が死罪にならないよう、孫叔敖は余人が今後、不吉なヘビとであわずにすむよう、わが身を張って殺生をおこなった。このような陰徳を天はちゃんと見ており、かならずや福をもって報いる。その証拠に恵王は持病が癒えて以前より健康になったし、孫叔敖の家は政争にまきこまれず子々孫々、おおいに栄えたではないか。民百姓を飢え死にさせないためにバッタを殺すのも同じ道理だと諭したのだった。

汴州刺史・倪若水にたいしては強い脅しをかけた。

「劉聡は父王の崩御後、長兄を殺して帝位についた偽りの君主だから妖魔にかなわなかったのだ。いまは神聖なる王朝だ。妖魔の方がかなうまい。さて、善良な刺史が徳政をしいている地域にはバッタが飛んでこないというなら、いままさに蝗害が発生している貴殿のところには、徳のある刺史がいないということかな。作物が食い荒らされるのを座視していれば、早晩、飢饉になるだろう。その罪は重いぞ」

姚崇は妖魔などはなから信じていなかったが、相手が固執する迷信を逆手にとったのである。ここまでいわれた倪若水がしぶしぶバッタを捕獲しては焼き殺し、穴に埋めるという方法を実行したところ、退治したバッタは十四万石、汴渠に流した頭数は記録できないほど多量であった[23]。こうして開元年間に発生した飛蝗による飢饉はすんでのところで回避したのだった。

詩人とバッタ

天人感応説に呪縛され、バッタがほしいままに大地を荒らしているのに手も足もでないという漢代以来の閉塞状況に、姚崇はようやく風穴を開けた。これをきっかけに官主導の治蝗対策がはじまる、といいたいところだが、道のりは平坦ではなかった。

当初のバッタ退治は人海戦術でとにかく虫を捕まえるという素朴なもので、住民が捕獲した虫は、たいてい穀物と交換された。史書などをみると、バッタ一斗（唐代の一斗は約六リットル）につき穀物一斗と交換というのが相場だったが、庶民はこの報酬に満足していなかった。そもそもバッタを捕まえる意義を理解していなかったようである。白居易（七七二～八四六年）に「蝗《いなご》を捕《とら》う」という詩がある。当時の世相がわかる興味深い詩なので、少々長いが、全文、引用する。

蝗《いなご》を捕《とら》え　蝗《いなご》を捕《とら》うるは　誰《た》が家《いえ》の子《こ》ぞ
天《てん》は熱《あつ》く　日《ひ》は長《なが》くして　飢《う》えて死《し》せんと欲《ほっ》す
興元《こうげん》　兵久《へいひさ》しくして　陰陽《いんよう》を傷《やぶ》り
和気《わき》　蠱蠹《こと》して　化《か》して蝗《いなご》と為《な》る
始《はじ》めは両河《りょうが》よりして　三輔《さんぽ》に及《およ》び
荐《しき》りに食《く》らうこと　蚕《かいこ》の如《ごと》く　飛《と》ぶこと　雨《あめ》に似《に》たり
雨飛蚕食《うひさんしょく》す　千里《せんり》の間《かん》
青苗《せいびょう》を見《み》ず　空《むな》しく赤土《せきど》たり

河南《かなん》の長吏《ちょうり》　農《のう》を憂《うれ》うと言《い》い
人《ひと》に課《か》して　昼夜《ちゅうや》　蝗虫《こうちゅう》を捕《とら》えしむ
是《こ》の時《とき》　粟《ぞく》は斗《と》ごとに　銭三百《ぜにさんびゃく》
蝗虫《こうちゅう》の価《あたい》　粟《ぞく》と同《おな》じ
蝗《いなご》を捕《とら》え　蝗《いなご》を捕《とら》う　竟《つい》に何《なん》の利《り》ぞ
徒《いたずら》に飢人《きじん》をして　労費《ろうひ》を重《かさ》ねしむ
一虫死《いっちゅうし》すと雖《いえど》も　百虫来《ひゃくちゅうき》たる
豈《あ》に人力《じんりょく》を将《もっ》て　天災《てんさい》に競《きそ》わんや
我《われ》聞《き》く　古《いにし》えの良吏《りょうり》　善政《ぜんせい》あり
政《まつりごと》を以《もっ》て蝗《いなご》を駆《か》り　蝗《いなご》　境《さかい》を出《い》づと
又《ま》た聞《き》く　貞観《じょうがん》の初《はじ》め　道《みち》　昌《さか》んならんと欲《ほっ》し
文皇《ぶんこう》　天《てん》を仰《あお》いで　一蝗《いっこう》を呑《の》むと
一人《いちにん》　慶《けい》あれば　兆民《ちょうみん》　頼《よ》る
是《こ》の時《とき》　蝗《いなご》ありと雖《いえど》も　害《がい》を為《な》さず

あくせくバッタ捕りをしているのはどこの男だろう。暑いうえに日が長く、今にも飢え死にしそうだ。興元の年（七八四年）に戦乱がつづいたおかげで陰陽の調和がくずれ、和気が損なわれてバッタが発生した。

河北、河南からはじまった群飛は長安の都一帯におよび、桑の葉を食む蚕のように作物を食い荒らし、しのつく雨のように飛び交った。飛蝗が去ったあと、千里にわたり青苗が消え、大地はむなしく赤土をさらすばかり。

河南の長官は農業が心配だと申され、昼夜をわかたずバッタを捕るよう、民草に労働を割りふった。このごろの穀物の価格は一斗で三百銭。バッタも一斗とらえて三百銭。しかし死にもの狂いでバッタをとって何の役に立とう。腹をすかせた民衆をよけいに苦しめるだけではないか。バッタを一匹殺したとて百匹がわいてでる。人間の力で天災と張り合うなんぞ、どだい無理なのだ。

その昔、立派な政治をおこなっている良吏がバッタを追い払ったら、国境の外にでていったと聞く。また貞観年間はじめに飛蝗が発生したときは、太宗皇帝が天に祈りバッタを呑み込んだという。うえに立つ者ひとりに徳あれば、万民がおかげをこうむる。まったくもってその通りで、バッタが発生しても、なるほど害はなさなかったのである。

被災した河南の役人が住民に命じて昼夜兼行でバッタ退治に当たらせ、一斗捕るごとに穀物一斗に相当する労賃を支払っていたことがわかる。姚崇のバッタ退治からおよそ百年、朝廷はじめ地方役人のあいだには、みずからの徳を修養したり神仏に祈ったりするひまに、一匹でも多くのバッタを捕殺することが肝要との意識が少しずつ浸透しはじめていた。

一方で、詩人は迷信を捨てきれていない。まず、バッタが発生したのは戦乱によって天地の気がバランスをくずしたからだとのべている。「興元」は第九代皇帝徳宗の治世であるが、この時代には節度使《せつどし》の反乱がつづき、一時は天子が都から逃れねばならないほど天下が乱れていた。白居易はこれがバッタ発生の原因だとみているのである。さらに蝗害を鎮めるためにバッタを呑み込んだ太宗を引き合いにして、うえに立つ者のこのような徳こそ必要なのであり、人力で天災に立ち向かってもなにも益はないと、バッタの捕殺を批判すらしている。

白居易には社会や政治を批判する作品が多く、「蝗を捕らう」もバッタ退治そのものより人民をこき使う役人を批判することに眼目がある。しかし、そんな批判精神に富んだ詩人も天人感応説という漢代以来の古い思想に縛られたままであることを、はからずも露呈しているのだった。

ひとり白居易だけではない。これは当時、庶民のみならず大多数の知識人の認識でもあっただろう。七百年あまりも人びとの心を支配してきた思想は、着物のようにすっぽりと脱ぎすてられるものではなかったのである。

幼虫退治から卵の駆除へ

そんななかでまがりなりにもすすめられた治蝗対策は、どのような展開を見せたのだろうか。唐代には飛蝗が大量発生してからの退治――成虫退治がもっぱらだったが、宋代に入ると幼虫のうちに退治すべし、という方針が打ちだされる。具体的な方法は、人びとが手に手にわらじや革靴を持って地べたにしゃがみこみ、まだ飛べない虫をひたすらたたきつぶすという素朴なものだったが、これは空中を縦横無尽に飛び回る成虫の退治にくらべて、農作物の損害が最小限におさえられる利点があった。更地で駆除をおこなう場合は、戸板を八の字型にずらりと並べてトンネルを作り、木の枝などでそのなかに幼虫を追いたてて、あらかじめ掘っておいた溝に誘導し落とし込む。溝が虫でいっぱいになったら干草をかぶせて燃やし、念のため、生きのこった虫が這いださないよう土をかぶせておいた。

時代がくだると、幼虫退治よりもさらにすすんで、卵を除いてバッタの発生そのものを未然に防ぐことに力を注ぐようになる。天人感応思想はなお威勢をふるっており、役人たちは天帝の加護を願って祭祀をとりおこない、庶民のあいだでは劉猛将軍信仰（一八八ページ）が興っていた。バッタは魚卵から孵ると信じている者も依然として多かった。しかしその一方で、バッタの生活史にたいする理解は着実にすすみ、一部では成虫の前には蝻（幼虫）、蝻の前には卵の段階があるとはっきり認識されるようになっていたのだ。しかも卵は地中数寸の深さに産みつけられ、一度に産卵する数は百個ちかく、形は生薬の麦門冬《ばくもんどう》に似ている、卵で越冬することもできるなど、観察はしだいに詳細になりつつあった。

景祐元（一〇三四）年には都の開封や淄《し》州（いまの山東省ほぼ中央部）で大々的に住民をつのり、地中からバッタの卵一万石あまりを掘り起こしたとの記録がある。(24)

人海戦術によるバッタの幼虫退治（清・陳崇砥『治蝗書』）

バッタを押しつけ合う

宋代にはバッタ退治に関するさまざまな条令も公布された。北宋の第六代皇帝神宗が熙寧八（一〇七五）年にだした勅令は、おおよそ次のような内容である。

①バッタの成虫や幼虫が発生したら、その地の県令はみずから率先して退治に当たること。広範囲に発生した場合は部下たちを派遣し、手分けして陣頭指揮をとらせること。

②住民のバッタ退治を奨励し、捕まえた幼虫五升もしくは成虫一斗につき米や小麦一斗を、卵一升につき雑穀二升を支給する。金銭で支払う場合は中等の穀物価格に準ずる。
③集めた虫や卵は焼却したのち地中に埋め、州・郡の監察官は駆除の結果を確認し、上に報告する。
④駆除の過程で種苗に損害がでた場合は税を免除し、百畝を限度に賠償する。

（宋・董煟《とうい》『救荒活民書』より要約）

朝廷を頂点とした政治主導の飛蝗退治や予防策は一定の成果をあげた。だが神宗の勅令にあるように、地方の役人に課された任務は多岐にわたり、一回の飛蝗襲来で厖大な仕事が発生する。このため隣県の役人どうしで、しばしばバッタの押しつけ合い、責任のなすり合いが起きた。手っ取り早いところでは、飛蝗が発生すると、住民を総動員して退治に当たるのではなく、鉦や太鼓を盛大に打ち鳴らさせ、県外への追いだしをはかる。鳴り物で虫をおどしてもさして効果はなく、たいていは姑息な行動にかまけているあいだに被害が広がってしまうのだが、朝廷から責任を追及されると、もともと自分のところにバッタはいなかったのだが、隣県が追いだした虫が入ってきて悪さをしたのだといいのがれようとしたりした。

北宋を代表する書家にして画家の米芾《べいふつ》（字は元章。一〇五一～一一〇七年）は四十二歳のとき、雍丘県（いまの河南省杞県）の知事になったが、在任中に飛蝗が大発生した。被害がとりわけひどかった隣県の知事は、これは雍丘県でバッタの追いだしをしたにちがいないと疑い、米芾に虫をよこさぬよう公式文書で申し入れた。ちょうど客人たちと会食をしていた米芾は噴きだし、筆をとって文書の裏に「蝗虫はもともと空飛ぶ生き物であり、天が遣わして民に災いをなしたのだ。わが県が蝗虫を追いだしたというなら、どうぞ貴方も追い返してくだされ」という趣旨の詩文を大書した。この話はまたたく間に世間に伝わったが、聞いて笑い転げない者はいなかった。[25]各県でバッタの追いだしが頻繁におこなわれていたことから生まれた笑い話である。

しかし、もっと無責任な地方役人になると、虫を追いだすことすらせず、飛蝗発生の報告を受けていながら聞かなかったことにし、管轄地の田畑をみすみすまるはだかにしてしまった。このような事態を憂慮した朝廷はさらに厳しい法令を発布した。南宋の第二代皇帝孝宗が淳熙九（一一八二）年にだした勅令は、役人の取り締まりに主眼をおいた内容だった。

①飛蝗の発生を目撃しながら知らせなかった地主や住民、あるいは上級に報告せず駆除要員を組織しなかった地区責任者は、それぞれ百叩きとする。
②飛蝗発生の報告がありながら役人が受理しなかった場合、受理してもただちに現場で駆除に当たらなかった場合、駆除が完了していないにもかかわらず虚偽の成果を報告した場合、その

役人にはさらに二段階重い刑罰を加える。

③飛蝗が襲来した土地は、事後にかならず卵を掘り返さなければならない。駆除しきれず、翌年、ふたたび発生させた場合、関係する役人、地主、地区責任者はそれぞれ百叩きとする。

④住民には、捕獲したバッタや卵の量に応じて穀物を支給するが、役人は上前をはねてはならない。

⑤蝗害発生時、役人が用務のため被災地を留守にしていた場合も、県境をでていない限りは在任中とみなし、駆除の責任を負う。（同上）

わざわざ④や⑤のような条例を掲げたのは、住民からリベートをとって私腹を肥やしたり、責任を逃れるため蝗害の被災現場から遁走したりする役人も多かったからである。

退治は防除にしかず

中国の治蝗対策は時代がくだるにつれ、成虫よりも幼虫退治、幼虫退治よりも卵の駆除と先手を打つようになっていったが、明代にはついに卵以前、すなわちトノサマバッタの繁殖場所となる土地の改良に目を向けるようになった。

提言したのは政治家で科学者の徐光啓（一五六二～一六三三年）である。徐光啓は、春秋時代から元代まで二千年あまりにおよぶ蝗害の記録を丹念に調べ、老農たちからは経験談を聞き取り、みずからの観察ともあわせて、飛蝗の一生を明らかにした。「生まれたての蝗は粟粒のようであるが、数日もすればたちまち蝿ほどの大きさとなり、跳びはねながら群れをなして移動できるようになる。この状態を蝻という。また数日すると集団飛行がはじまる。この状態を蝗と呼ぶ。……さらに数日で卵を大地に産みつける。地中の卵は十八日でふたたび蝻となり、蝻は蝗となる。とこのように順送りに生命を伝えているのである……」そしてバッタが「いつ、どこで、どのように生まれ、死んでいくかをつまびらかにしてはじめて絶滅させることができる」と唱え、卵・幼虫・成虫それぞれの段階に則した退治法を具体的に示したのだった。

とくに画期的だったのが、季節や環境とのかかわりで飛蝗の一生をとらえていたことだ。たとえば、一年のうちでもっとも飛蝗が繁殖する時期は陰暦の六月であることをつきとめている。つまり、ちょうど穀類がみのる夏から秋にかけてが、いちばん蝗害が発生しやすいのである。古代から経験的にいい伝えられてきた旱と飛蝗の関係も、「旱極まれば蝗を生ず」(『農政全書』)と明言した。飛蝗のおもな発生地域が幽涿(河北)以南、長淮(淮河)以北、青兗《せいえん》(山東)以西、梁宋(河南)以東、つまり黄河の中下流域や淮河の流域であり、急に潤ったり干あがったりして水位が一定しない水辺の近くが繁殖地になっていると指摘し、そのような土地の改良の重要性を説いたのである。

その内容は——

①卵を越冬させないように秋にはかならず畑を耕す
②水辺の草を刈り取り、焼く
③トノサマバッタが嫌うとされている緑豆、エンドウ、ササゲ、麻、イチビ、ゴマ、ヤマイモなどと混植する
④旱の影響を受けやすい畑を、管理しやすく虫害も少ない水田に変える
⑤バッタ繁殖の温床となっている北方の広大な荒れ地や休耕田に入植し開墾する

など多岐にわたっていた。

本章の冒頭で、古代においては五害（水害・旱害・風霧雹霜害・癘《れい》害・虫害）を制した者が国を治めると書いたが、五害のなかでも水害・旱害・虫害は飢饉をひき起こす三大災害としてとりわけ怖れられてきた。しかし徐光啓は、水害・旱害と虫害はまったく性質の違うものだと述べている。洪水は地勢によって運よく難をまぬがれる地域もあるし、旱がつづいても干あがらずにのこる井戸や池がある。しかし飛蝗はひとたび襲来すれば大地をひとしくまるはだかにしてしまい、逃れようもない。凶悪さは水害や旱害の比ではないというのだ。その一方で、洪水や旱を前に人間はなすすべがないが、蝗害は国と民が総力をあげて立ち向かえば、かならず制圧できるとも説いた。

しかし、個々の農家や住民がただちに実践できる①②③はともかく、県や郡単位でおこなってこ

その効果があがる④や、国家事業ともいえる規模の⑤は、その有効性はわかっていたが、ついに完遂されることはなかった。

天敵を利用したバッタ退治

先述したように、ある種の鳥がしばしば飛蝗を撃退する現象は早くから目撃されていた。記録にのこっている古いところでは、『南史』に、南朝梁の武帝（在位五〇二〜五四九年）の時代、飛蝗が発生したが、なす術も知らず手をつかねていたところ、ふいに千羽ほどの鳥が天を暗くして飛来し、バッタの群れに襲いかかったと思ったら、またたく間に食い尽くして飛び去ったとある（巻五十二「梁宗室下」）。さぞかし壮観だったろう。

この鳥の名は「わからず」となっているが、時代がくだるにつれ、史書には「鸜鵒《クヨク》」「鶖《シュウ》」「鷹《タカ》」「鴉《カラス》」など、バッタを斃した鳥の具体的な名前が記録されるようになる。鸜鵒はムクドリ科の雑食の鳥ハッカチョウである。鶖は『詩経』にも登場する古鳥で、頚と頭には毛が生えておらず、悪食で獰猛、呑み込んだ虫を吐きだして小山のようにしたあとふたたびこれを食する習性をもつ大型の水鳥だという。現代名は不明だが、コウノトリ科のハゲコウのなかまではないかとみられている。そして朝廷や役所は、鸜鵒の群れがバッタを平らげたとの報告を受ければ鸜鵒の猟を禁じ（九四八年七月）、鶖の群れが地上のバッタを丸呑みしたり空中のバッタを翼でたたき殺したりしたと聞けば鶖の禁猟を命じた（一二九九年六月）。これらの鳥は為政者の徳に感じて天帝が遣わしたものという解釈が一般的だったが、理由はどうあれ益鳥を保護しようとの意識が芽ばえていたことがうかがえる。

鳥が飛蝗の天敵になりうるとはっきり認識したのは明代になってからだ。

万暦年間に、サツマイモの普及に貢献した陳経綸という人物がいた。農業指導で各地を歩いていた彼は、しばしば飛蝗の大群が農作物をまるはだかにしてしまう悲惨な光景に遭遇した。同時に、ふだんは魚を餌にしているサギが群れをなして田畑に飛来し、片端からバッタを捕食したおかげで深刻な蝗害にいたらなかった事例も目撃している。野生のサギを飼育するのはむずかしいが、食性の似ているアヒルでも同様の効果が得られるのではないかと試してみたところ、アヒルはバッタをよく啄ばみ、まだ高く飛べない幼虫駆除には、とくに効果があった。人間によるバッタ退治のように農作物を踏み荒らす二次被害もないし、アヒル自身も肥える。バッタ以外の害虫まで捕食してくれるこの方法は一石三鳥の治蝗対策だった。

陳経綸はこの経緯を『治蝗筆記』という文章にまとめたが、陳家はこれを長らく保管したままにしていた。それから百七十年後の清代、彼から五代目の子孫である陳九振が蕪湖県の副知事となった。多くの役人の例にもれず、九振もまた治蝗対策に手を焼いた。そこで祖先が書きのこした方法にならい、県内の農家に触れをだしてアヒルを飼わせたところ、アヒルはバッタの幼虫が孵るそばから丸呑みしていき、もくろみどおり蝗害を未然にふせいでくれた。

それ以来、蕪湖県では蝗害が頻発する季節には、数百羽のアヒルを田畑に放つようにした。蕪湖県がこの方法で治蝗に成功しているニュースは、またたくまに江南各地に伝わった。九振はあらためて先祖経綸の実験と自身の経験を『治蝗伝習録』に書きしるした。これをさまざまな農書が引用したため、アヒルをつかったバッタの駆除法はさらに広まっていった。

これはいまでいう生物的防除だ。九八ページで、アリに柑橘類の害虫を退治させる方法を紹介したように、清代にはさまざまな生物的防除がはじまっている。しかし、いずれも清代の考案というわけではなく、農耕がはじまって以来、連綿とつづいてきた人類と害虫との戦いの歴史のなかで、先人たちが経験的に理解し、試行錯誤してきた方法を清代になって検証し、有効とみとめられたものが採用されたのである。

(1)『管子』度地
(2)北斉・魏収『魏書』列伝第八十三
(3)北宋・欧陽脩ほか『新唐書』本紀第三・高宗
(4)清・張廷玉ほか『明史』ほか
(5)同右
(6)北宋・薛居正ほか『旧五代史』晋書・少帝紀二
(7)北宋・欧陽脩『新五代史』晋家人伝第五

(8)北宋・司馬光『資治通鑑』漢紀四十五
(9)『旧五代史』晋書・少帝紀一
(10)五代（後晋）・劉昫ほか『旧唐書』列伝一百二十八
(11)唐・歐陽詢ほか『芸文類聚《げいもんるいじゅう》』巻百災異部
(12)「祭常山祝文五首」その三
(13)「次韵章伝道喜雨（禱常山而得）」
(14)清・陸曾禹『康済録』
(15)後漢・班固『漢書』五行志
(16)唐・呉兢『貞観政要』務農第三十
(17)『漢書』酷吏伝第六十
(18)『康済録』
(19)『漢書』王莽伝第六十九
(20)唐・鄭綮『開天伝信記』
(21)『新唐書』列伝第四十九
(22)『旧唐書』列伝第四十六
(23)同右
(24)元・托克托『宋史』志第十五
(25)宋・何薳《かい》『春渚紀聞』

主な参考文献

●中国語文献
韋明鏵『動物表演史』山東画報出版社 二〇〇五年
周堯『中国昆虫学史』天則出版社 一九八八年
章義和『中国蝗災史』安徽人民出版 二〇〇八年
鄒樹文『中国昆虫学史』科学出版社 一九八二年
中国農業百科全書編輯部編『中国農業百科全書 農業歴史巻』農業出版社 一九九五年
中国農業百科全書編輯部編『中国農業百科全書 養蜂巻』農業出版社 一九九三年
范毓周「殷代的蝗災」(『農業考古』総第六期) 農業出版社 一九八三年
彭邦炯「商人卜螽説」(『農業考古』総第六期) 農業出版社 一九八三年

孟昭連『中国虫文化』天津人民出版社 二〇〇四年
邱靜子『《詩経》蟲魚意象研究』文史哲出版社 二〇〇七年
許進雄『中国古代社会　文字与人類学的透視』台湾商務印書館 一九八八年
金寄水・周沙塵『王府生活実録』中国青年出版社 一九八八年
周錫保『中国古代服飾史』中国戯劇出版社 一九八四年
陳正祥『中国文化地理』三聯書店香港分店 一九八一年
『中国烹飪百科全書』中国大百科全書出版社 一九九五年
李海霞『漢語動物命名考釈』四川出版集団巴蜀書社 二〇〇五年
『逸周書彙校集注』上海古籍出版社 一九九五年
何薳『春渚紀聞』（唐宋史料筆記）中華書局 一九八三年
韓嬰　許維遹校釈『韓詩外傳集釋』中華書局 一九八〇年
龔煒『巣林筆談』（清代史料筆記）中華書局 一九八一年
屈代均『広東新語』中華書局 一九八五年
阮元『琴操（宛委別蔵）』江蘇古籍出版社 一九八八年
呉自牧『夢粱録』（中国古典名著民族集粋）黒竜江人民出版社 二〇〇三年
周密『癸辛雑識』（唐宋史料筆記）中華書局 一九八八年

祝穆『方輿勝覧』（北京図書館古籍珍本叢刊）書目文献出版社 一九八七年
成善卿『天橋史話』三聯書店 一九九〇年
張宗法『三農紀校釈』農業出版社 一九八九年
張岱『夜航船』四川出版集団四川文芸出版社 二〇〇二年
陳継儒『筆記 太平清話』台湾商務印書館 一九六五年
丁傳靖輯『宋人軼事彙編』商務印書館 一九五八年
田汝成『西湖遊覧志余』浙江人民出版社 一九八〇年
『唐五代筆記小説大観』上海古籍出版社 二〇〇〇年
范成大『桂海虞衡志輯逸校注』四川民族出版社 一九八六年
無名氏『分門古今類事』新興書局 一九七七年
毛元老『東京夢華録』（名家導読筆記叢書）文化芸術出版社 一九九八年
李斗『揚州画舫録』（清代史料筆記）中華書局 一九九七年
陸亀蒙『陸甫里小品』文化芸術出版社 一九九七年
劉恂『嶺表録異』広西民族出版社 一九八八年
倪企望ほか『中国地方志集成 嘉慶長山県志』鳳凰出版社 二〇〇四年
厳辰纂『光緒桐郷県志』上海書店 一九九三年

宋廣業纂『羅浮山志会編』廣陵書社 二〇〇四年
孫方之主編『周村歴史人物』青海人民出版社 二〇〇四年
姚鼐『惜抱軒詩文集』上海古籍出版社 一九九二年

●日本語文献

有澤晶子「湯顕祖『南柯記』考」(『文学論藻』第八十六号)東洋大学 二〇一二年
大形徹『魂のありか 中国古代の霊魂観』角川選書 二〇〇〇年
川合康三『中国のアルバ 系譜の詩学』汲古書院 二〇〇三年
木村康一ほか校定 鈴木真海訳『新註校定 國譯本草綱目』第十冊・第十四冊 春陽堂書店 一九七九年
黒川洋一編『杜甫詩選』岩波書店 一九九四年
ゲインズ・カンチー・リュウ 羽田節子訳『中国のセミ考』(*Cicadas in Chinese Culture*' 一九五〇年)博品社 一九九六年
張彦遠 小野勝年訳註『歴代名画記』岩波文庫 一九九六年
鄧雲特 川崎正雄訳『支那救荒史』生活社 一九三九年
東京国立博物館ほか編『誕生! 中国文明』読売新聞社 二〇一〇年

中尾舜一『セミの自然誌 鳴き声に聞く種分化のドラマ』中公新書 一九九〇年
野口鐵郎ほか編集『道教事典』平河出版社 一九九四年
魯迅 中島長文訳注『中国小説史略』平凡社 一九九七年

あとがき

悠久の歴史をもつ中国は、虫と人とのかかわりの歴史もそれなりに長く、エピソードも豊富だ。虫の文化誌・文化史もさまざま書かれてきた。これらを踏まえつつ、あらためて本書をものすることにしたのには、次のようないきさつがある。

ひとつは、中国の虫にまつわる話には、セミが「再生」や「高潔」のシンボルになっていたり、ホタルが凶邪をしりぞけたり、(いまだに信じがたいのだが)アリつかいの芸人がいたりと、日本人のわたしには発見や意外性のあるものが少なくない。中国人にとってはさして驚きでもなく、さらりと書き流されている多くのエピソードについて、もっと詳しく知りたいと思ったのだった。

また、「怪力乱神」は語らずということか、はたまた社会主義教育の成果か、古代中国人が自由な空想で紡ぎだした物語が「唯心論である」と無慈悲にも一刀両断されている例を、これまでしばしば目にしてきた。怪力乱神を語るのは愉しい。現代の価値観はひとまずわきにおいて、荒唐無稽な昆虫譚はどのような時代背景があって生まれたのか探ってみたいと思った。

最後に個人的なことになるが、わたしは目下、自宅で母の介護中である。先日、この数年間はほとんど自宅から二キロ圏外に出ていないことに気づき、愕然とした。友人たちが大いに心配してくれるのだが、さほどストレスを感じず過ごしてきたのは、身近に本と自然があったおかげかもしれない。

今はインターネットで直接、中国大陸や台湾の古書を探すことができる。地元の図書館を介して、都立図書館や国会図書館から自分ではとても買えない漢籍を取り寄せ、心ゆくまでひもとくことも可能だ。白居易や蘇軾などの有名な詩人たちも、虫とのかかわりをとおしてみると、一般に知られているのとはべつの横顔が浮かびあがってくる。フィクションだと思っていた奇天烈な昆虫譚の主人公が、じつは地方志に名を残すひとかどの人物だとわかったこともあった。本の渉猟は興味が尽きなかった。

草むしりも植木の剪定も怠っている庭におりれば、グレープフルーツの木で孵化したアゲハチョウの幼虫たちが一心不乱に若葉を食《は》み、それを狙ってアシナガバチがしきりに木の周囲を飛び回っている。彼らが帰る先を追ってみると、ベランダの軒下に、いつの間にか直径十センチほどの巣が作ってあった。しかしこの名狩人たちも、ほどなくヒメスズメバチの襲撃に遭い、壊滅させられた。日々、静かに繰り広げられている自然界の営みは見飽きることがなく、同じように驚きと好奇心をもって虫たちを観察し記録したのであろう古代の中国人に親近感を覚えた。介護の日々は、自由気ままに外を飛び歩いていたときより、はるかに広大な時空を逍遥している気もする。

　そのような生活で一日十五分、三十分とつづった断片がある程度まとまったとき、前著『闘蟋——中国のコオロギ文化』（あじあブックス044）でお世話になった大修館書店の富永七瀬氏に拙稿をお送りした。読みものとしての体をなしているか、ベテラン編集者の率直な評を仰ぎたかったのだが、思いがけないことに、すぐに出版の話につなげていただいた。彼女の判断がなければ、本書は生まれなかったと思う。

　自分の人生で後にも先にもないであろう特別な時間をくれた母と、拙稿を的確な助言と編集で本にしてくださった富永氏に心から感謝している。

二〇一六年四月

瀬川　千秋

[著者略歴]
瀬川千秋（せがわ　ちあき）
フリーランス・ライター。翻訳家。著書に『〈あじあブックス〉闘蟋《とうしつ》—中国のコオロギ文化』（大修館書店：サントリー学芸賞受賞）。共著に『中国の暮らしと文化を知るための40章』（明石書店）。訳書に『マンガ般若心経入門』（講談社）、『マンガ仏教入門』（大和書房）、『マンガ仏教的生き方』（同）、共訳に『わが父魯迅』（集英社）など。

〈あじあブックス〉
中国《ちゅうごく》　虫《むし》の奇聞録《きぶんろく》

NDC389／x, 226p／19cm

初版第1刷——2016年6月20日

著者——瀬川千秋《せがわちあき》
発行者——鈴木一行
発行所——株式会社大修館書店
〒113-8541 東京都文京区湯島 2-1-1
電話03-3868-2651（販売部）　03-3868-2294（編集部）
振替 00190-7-40504
[出版情報] http://www.taishukan.co.jp

装丁・口絵デザイン——新田由起子（ムーブ）
印刷所——壮光舎印刷
製本所——ブロケード

ISBN978-4-469-23318-6　Printed in Japan

アジアの言語・文化・歴史を見つめ直す

[あじあブックス]

001 漢詩を作る 石川忠久著 本体一六〇〇円

002 朝鮮の物語 野崎充彦著 本体一八〇〇円

003 三星堆・中国古代文明の謎——史実としての『山海経』 徐朝龍著 本体一八〇〇円

004 中国漢字紀行 阿辻哲次著 本体一六〇〇円

005 漢字の民俗誌 丹羽基二著 本体一六〇〇円

006 封神演義の世界——中国の戦う神々 二階堂善弘著 本体一六〇〇円

007 干支の漢字学 水上静夫著 本体一八〇〇円

008 マカオの歴史——南蛮の光と影 東光博英著 本体一八〇〇円

009 漢詩のことば 向島成美著 本体一八〇〇円

010 近代中国の思索者たち 佐藤慎一編 本体一八〇〇円

012 ヤマト少数民族文化論 工藤隆著 本体一八〇〇円

013 道教をめぐる攻防——日本の君王 道士の法を崇めず 新川登亀男著 本体一八〇〇円

014 キーワードで見る中国50年 中野謙二著 本体一七〇〇円

015 漢字を語る 水上静夫著 本体一八〇〇円

016 米芾——宋代マルチタレントの実像 塘耕次著 本体一八〇〇円

017 長江物語 飯塚勝重著 本体一九〇〇円

018 漢学者はいかに生きたか——近代日本と漢学 村山吉廣著 本体一八〇〇円

019 徳川吉宗と康熙帝——鎖国下での日中交流 大庭脩著 本体一九〇〇円

020 一番大吉! おみくじのフォークロア 中村公一著 本体一九〇〇円

021 中国学の歩み——二十世紀のシノロジー 山田利明著 本体一六〇〇円

022 花と木の漢字学 寺井泰明著 本体一八〇〇円

023 星座で読み解く日本神話 勝俣隆著 本体一九〇〇円

024 中国幻想ものがたり 井波律子著 本体一七〇〇円

025 大小暦を読み解く——江戸の機知とユーモア 矢野憲一著 本体一七〇〇円

026 アジアの仮面——神々と人間のあいだ 廣田律子編 本体一九〇〇円

027 山の民 水辺の神々——六朝小説にもとづく民族誌 大林太良著 本体一四〇〇円

028 道教の経典を読む 増尾伸一郎・丸山宏編 本体一八〇〇円

アジアの言語・文化・歴史を見つめ直す

[あじあブックス]

029 養生の楽しみ　瀧澤利行著　本体一六〇〇円

030 漢詩の鑑賞と吟詠　志賀一朗著　本体一九〇〇円

031 毒薬は口に苦し──中国の文人と不老不死　川原秀城著　本体一九〇〇円

032 中国の年画──祈りと吉祥の版画　樋田直人著　本体一八〇〇円

033 文物鑑定家が語る 中国書画の世界　史樹青著・大野修作訳　本体一八〇〇円

034 風水と身体──中国古代のエコロジー　加納喜光著　本体一六〇〇円

035 中国科学幻想文学館　上　武田雅哉・林久之著　本体一八〇〇円

036 中国科学幻想文学館　下　武田雅哉・林久之著　本体一八〇〇円

037 六朝詩人群像　興膳宏編　本体一七〇〇円

038 中国の呪術　松本浩一著　本体一八〇〇円

039 唐詩物語──名詩誕生の虚と実と　植木久行著　本体一八〇〇円

040 四字熟語歴史漫筆　川越泰博著　本体一七〇〇円

041 中国「野人」騒動記　中根研一著　本体一七〇〇円

042 「正史」はいかに書かれてきたか──中国の歴史書を読み解く　竹内康浩著　本体一五〇〇円

043 現代韓国を知るキーワード77　曺喜澈著　本体一八〇〇円

044 闘蟋──中国のコオロギ文化　瀬川千秋著　本体一八〇〇円

045 開国日本と横浜中華街　西川武臣・伊藤泉美著　本体一七〇〇円

046 漂泊のヒーロー──中国武侠小説への道　岡崎由美著　本体一七〇〇円

047 中国の英雄豪傑を読む──『三国志演義』から武侠小説まで　鈴木陽一編　本体一七〇〇円

048 不老不死の身体──道教と「胎」の思想　加藤千恵著　本体一六〇〇円

049 アジアの暦　岡田芳朗著　本体一八〇〇円

050 宋詞の世界──中国近世の抒情歌曲　村上哲見著　本体一七〇〇円

051 弥勒信仰のアジア　菊地章太著　本体一八〇〇円

052 よみがえる中国の兵法　湯浅邦弘著　本体一八〇〇円

053 漢詩　珠玉の五十首──その詩心に迫る　荘魯迅著　本体一八〇〇円

054 中国のこっくりさん──扶鸞信仰と華人社会　志賀市子著　本体一八〇〇円

055 空海と中国文化　岸田知子著　本体一六〇〇円

[あじあブックス]

056 **張説**——玄宗とともに翔た文人宰相 高木重俊著 本体一八〇〇円

057 **南部絵暦を読む** 岡田芳朗著 本体一八〇〇円

058 **道教の神々と祭り** 野口鐵郎・田中文雄編 本体一九〇〇円

059 **纏足の発見**——ある英国女性と清末の中国 東田雅博著 本体一八〇〇円

060 **論語　珠玉の三十章** 弓和順著 本体一四〇〇円

061 **老荘の思想を読む** 舘野正美著 本体一六〇〇円

062 **天狗はどこから来たか** 杉原たく哉著 本体一七〇〇円

063 **北京を見る読む集める** 森田憲司著 本体一八〇〇円

064 **中国の復讐者たち**——ともに天を戴かず 竹内康浩著 本体一六〇〇円

065 **環境から解く古代中国** 原宗子著 本体一八〇〇円

066 **王朝滅亡の予言歌**——古代中国の童謡 串田久治著 本体一六〇〇円

067 **中国儒教社会に挑んだ女性たち** 李貞徳著・大原良通訳 本体一六〇〇円

068 **中国のことわざ** 千野明日香著 本体一六〇〇円

069 **中国映画のみかた** 応雄編著 本体一九〇〇円

070 **義和団事件風雲録**——ペリオの見た北京 菊地章太著 本体一六〇〇円

071 **雲南の多様な世界**——歴史・民族・文化 栗原悟著 本体一六〇〇円

072 **中国語の歴史**——ことばの変遷・探究のあゆみ 大島正二著 本体一九〇〇円

073 **中国のお笑い**——伝統話芸〝相声〟の魅力 戸張東夫著 本体一八〇〇円

074 **王莽**——改革者の孤独 渡邉義浩著 本体一六〇〇円

075 **喫茶の歴史**——茶薬同源をさぐる 岩間眞知子著 本体二〇〇〇円

076 **新版　漢方の歴史**——中国・日本の伝統医学 小曽戸洋著 本体一七〇〇円

077 **針灸の歴史**——悠久の東洋医術 小曽戸洋・天野陽介著 本体一八〇〇円

以下続刊

定価＝本体＋税